智元微库
OPEN MIND

成长也是一种美好

一本书读懂
税务筹划合规与风险管控

（金税四期适用版）

刘文怡 / 著

人民邮电出版社

北京

图书在版编目（CIP）数据

一本书读懂税务筹划合规与风险管控 : 金税四期适
用版 / 刘文怡著. -- 北京 : 人民邮电出版社，2023.3（2023.4重印）
ISBN 978-7-115-60667-9

Ⅰ. ①一… Ⅱ. ①刘… Ⅲ. ①企业管理－税收筹划－
中国 Ⅳ. ①F279.23②F812.423

中国版本图书馆CIP数据核字(2022)第232752号

◆ 著 刘文怡
责任编辑 黄琳佳
责任印制 周昇亮

◆ 人民邮电出版社出版发行   北京市丰台区成寿寺路 11 号
邮编 100164   电子邮件 315@ptpress.com.cn
网址 https://www.ptpress.com.cn
涿州市京南印刷厂印刷

◆ 开本：720×960 1/16
印张：15   2023 年 3 月第 1 版
字数：200 千字   2023 年 4 月河北第 2 次印刷

定　价：79.80 元
读者服务热线：（010）81055522   印装质量热线：（010）81055316
反盗版热线：（010）81055315
广告经营许可证：京东市监广登字 20170147 号

前　言

用好税收"工具"，更好地进行事业抉择、投资抉择和财富传承

税收如此重要，但大部分人对它一无所知。

税伤：缺少创业者和企业主能看懂的税收科普书

避税与逃税的区别就是监狱围墙的厚度。

——丹尼斯·黑勒

你清楚避税与逃税的区别吗？

有人为防范税务风险的长远之计未雨绸缪，也有人为因偷税漏税而获得的眼前利益沾沾自喜。

收入大致相同的情况下，为什么有的人交的税多、有的人交的税少？我们自己的税务风险有多高？每个人都面临这些问题。如果你去看或听市面上与税务有关的图书或课程，就会发现非专业人士很难看懂或听懂。写一本通俗易懂的、创业者和企业主一看就懂的税务科普书，解决"税伤"，让企业良性运转，让个人明辨纳税事项，是我写作本书的第一个目的。

税商：为个人及家庭财富保驾护航

在金税四期即将应用的大背景下，如何合规纳税，怎样进行财富保值增值？这些问题的答案都与税收有关。

过去，你需要财商；未来，你还需要税商。当别人还在"谈税色变"时，如果你能掌握税收的财富密码，那么你就能更好地进行人生抉择、事业抉择、投资抉择和财富传承。在金税四期即将应用的大背景下，税商已不可或缺。税收本是工具，若改变观念，你将获得税收正面的力量，而不是被税收控制。如果你去看或听市面上与税有关的图书或课程，就会发现其内容大多数只与企业运营相关，仿佛个人和家庭都不纳税。写一本实操性强、可落地的，能指导普通人做出明智选择的税收科普书，提高"税商"，让财富增值保值，让选择顺应大势，是我写作本书的第二个目的。

正如劳德·布兰威尔（Laude Branwell）所说，税收如母亲，经常被误解，但很少被遗忘。愿与诸君，解决税伤，提高税商，在金税四期大势下，找到税收最大的财富善意。

刘文怡

目　录

序章　何谓金税四期 / 001

第 1 章　金税四期背景下的税收概况 / 009

　　1.1　税收如何影响财富分配 / 011

　　1.2　各税种的介绍 / 019

第 2 章　创业及投融资的税务筹划要点 / 029

　　2.1　创业公司的股权架构选择 / 031

　　2.2　股东利润的获取途径 / 041

　　2.3　股东增资的路径选择 / 047

　　2.4　股权激励如何合理纳税 / 049

　　2.5　股票购入的主体选择 / 056

　　2.6　特殊情形下的股权激励如何纳税 / 058

第 3 章　企业全生命周期的税务筹划与风险管控 / 065

　　3.1　创立初期：亏损企业的注意事项 / 067

　　3.2　取得收入：小规模纳税人和一般纳税人怎么选 / 073

　　3.3　扭亏为盈：如何享受小微企业的优惠政策 / 083

　　3.4　盈利增长：企业通用的税务筹划模式 / 089

3.5 官司缠身：司法判决中涉及的税务风险 / 099

3.6 公司注销：如何进行税务筹划 / 110

3.7 警示：这些不是税务筹划，而是偷税漏税 / 122

3.8 风险管控：金税四期下企业主需关注的风险 / 127

第 4 章 个人家庭财富及资产传承的税务筹划要点 / 131

4.1 年终奖和月工资如何分配 / 133

4.2 现金年终奖和股权如何选择 / 147

4.3 如何进行资产配置 / 149

4.4 不动产相关问题解答 / 168

4.5 股权代持注意事项 / 181

4.6 司法拍卖买房避坑指南 / 183

4.7 纳税与不纳税项目详解 / 185

4.8 专项附加扣除疑难问题 / 207

4.9 保险、信托等资产管理工具的应用 / 209

后记 金税四期大背景下的税收稽查体系 / 211

序章
何谓金税四期

何谓金税四期？可以用两句话来概括金税四期："税务机关比你想象的更了解你！""税务机关比你自己更了解你！"

金税工程的前世今生

金税工程是什么？金税工程是经国务院批准的国家级电子政务工程，是税收管理信息系统工程的总称。自1994年开始，已历经金税一期、金税二期、金税三期工程建设。

1. 金税工程立项：金税一期

1994年开始实施金税一期，当时它只在国家税务局（以下简称"国税"）施行，且主要是一个发票系统。

2. 金税二期

2000年8月31日，国家税务总局向国务院汇报金税工程二期的建设方案并获得批准。2001年7月1日，增值税防伪税控发票系统的4个子系统——开票、认证、交叉稽核、协查在全国开通。

可以看出，在金税一期的基础上，金税二期全面优化了增值税发票系统，此时仍然只有国税使用这套系统，因为地方税务局（以下简称"地税"）不负责征收增值税，且仍然是以发票管理为主。

3. 金税三期

从2013年开始，部分省市施行国地税"业务一体化、技术一体化、系统一体化"的金税三期系统。2016年，全国范围内全面运行经优化后的金税三期系统。

金税三期工程确定了"一个平台、两级处理、三个覆盖、四类系统"的工作目标，是一个年事务处理量超过100亿笔、覆盖税务机关内部的80多万用户、管理过亿户纳税人的现代化税收管理信息系统。

不同于金税一期和金税二期，金税三期跳出了发票管理的思维局限，实行数据化全面管税，不再局限于增值税，而是全链条、全税种、全周期地覆盖所有税种。金税三期实现了对国税、地税数据的合并及统一，能够对税务系统业务流程进行全监控。从此大家开始意识到税务系统的威力。

4. 金税四期

目前全国仍在运行金税三期系统，也就是说金税四期尚未上线运营。那么，为什么大家都在讨论金税四期的影响呢？

2020 年 12 月，国家税务总局的官方网站上刊登了一则公告，公告内容是采购金税四期线上项目（项目全称为"金税四期决策指挥端之指挥台及配套功能项目竞争性磋商"）。

2021 年 3 月，中共中央办公厅、国务院办公厅印发了《关于进一步深化税收征管改革的意见》，对进一步深化税收征管改革提出了具体要求，明确"十四五"时期将持续推进智慧税务建设，并给出了时间进程安排，即 2022 年基本实现法人税费信息"一户式"、自然人税费信息"一人式"智能归集；2023 年基本实现税务机关信息"一局式"、税务人员信息"一员式"智能归集，深入推进对纳税人缴费人行为的自动分析管理、对税务人员履责的全过程自控考核考评、对税务决策信息和任务的自主分类推送；2025 年实现税务执法、服务、监管与大数据智能化应用深度融合、高效联动、全面升级。

金税四期成为智慧税务建设的重要抓手。

金税四期的内在逻辑

金税四期对纳税人最大的影响在于对智能化税务风险的管控。传统的税务风险管控基于各地区税务系统的信息孤岛，依靠人工获取信息和监控风险点，很难做到动态监控，无法实现风险的事前预警。智能税务系统将实现智能化风险管控，对接税务机关的数据库与公共大数据平台，通过数据归集和电子数据交换，实施动态分层预警管理；基于对纳税人经济监控信息的大数据分析，构建更加立体、全面的纳税信用镜像，对纳税群体实行分级管理、智能化动态监控，发现异常实时进行风险预警。

也就是说，以后税务机关可以通过大数据了解你。当你在个人所得税汇算清缴中，填写 3 岁以下婴幼儿照护、子女教育、赡养老人、住房租赁等专项附加扣除时，税务机关就掌握了你的配偶、子女、父母、兄弟姐妹的信息。而且税务机关掌握着数以亿计的纳税人的数据，当全国的纳税人都在主动向税务机关报送数据时，纳税人的整个关系网络就会呈现在税务系统中。金税四期还可以通过员工的重合度、股权关系、对客户或供应商的依赖程度判断两家企业之间的关联关系。

当你在"买票""公转私"时，你接触到的虚开发票企业，会在税务系统中被标识为风险企业。你和风险企业打交道，就会成为风险企业的关联上下游企业。税务机关对风险企业进行稽查时，发现风险企业确实存在偷税漏税、虚开发票等违反税法的行为，这时风险企业的关联上下游企业也会被判定为风险企业，从而下一个被列入税务稽查名单的可能就是你。

为了避免这种情况，你可能会在"买票"时加设一层风险隔离墙，专门设立一个采购企业，让采购企业去"买票"，这样一旦出事，也不影响核心企业的经营。但是，金税四期能穿透到上下游五层，税务机关知道你的供应商的供应商是谁，也知道你的客户的客户是谁，而这些你自己都不一定知道。

这便是税务机关比你想象的更了解你，也可能比你自己更了解你。

不仅是税务方面，金税四期还会纳入"非税"业务，实现对业务更全面的监控。它还同时搭建了各部委、中国人民银行以及各商业银行等参与机构之间信息共享和核查的通道，具有核查企业相关人员手机号码、企业纳税状态、企业登记注册信息三大功能，能够实现信息共享、信息核查。

金税四期下常见的税务误区

误区1：过去都是这么做的，所以没风险。

大家要相信已经被曝光的偷税漏税案例绝不是主播和明星中的个例，某些所谓的"税务筹划"方法虽是行业惯例，但"大家都在这样做"和"过去没出过事"，都不能和"未来没有风险"画等号。在金税四期下，通过税务系统中的人工智能进行比对识别，所有异常数据将一览无余，越来越多的税收风险会被挖掘出来，风险将藏无可藏。

误区2：等到金税四期上线再合规。

很多老板问我："金税四期什么时候上线？"其实这个问题并不重要，比如2022年爆出的某主播被补税事件，案件爆出是在2022年，但是补税期间却是2019—2020年。没有哪个税务机关只查当年的纳税情况，它们往往会刨根问底，偷税漏税企业被翻出十几年前旧账的情形数不胜数。所以不管金税四期什么时候上线，都不影响当下的税务风险。

误区3：查到了再说吧，不就是补税吗？

这么想的人太天真了。还是以2022年被查的某主播为例，大家一看到补税1.08亿元，以为他少缴了1.08亿元的税款。实际上，在这1.08亿元里，税款只有3000多万元，剩下的2/3全是滞纳金和罚款，罚款高达5000多万元，也就是说，1.08亿元里有一半是罚款。如果你被查到，那么要交多少滞纳金和罚款呢？滞纳金是按天计算的，折算成年利率大概是18%，也就是说，如果你去年逃税今年补，就得补缴税款的1.18倍；罚款就是少纳税款的0.5～5倍，也就是说，偷逃税款100万元，罚款至少50万元，最多500万元，具体罚多少视情节严重程度而定。所以，抱着"查到了再说"这种想法的人，势必付出巨大的经济代价。

误区4：被查也不怕，找关系摆平。

从金税三期开始，已经出现了"摆不平"的现象。原因是现在的税务系统非常强大，所有的操作都会在系统中留下轨迹，2022年就有很多税务系统的高官因此而落马。其实很多税务问题，能通过专业规划防范风险，合规纳税，根本无须耗费巨大的精力和资金去"剑走偏锋"。

误区 5：不开票就不纳税。

过去"以票管税"的思路，在金税四期下已被"以数治税"替代。在金税四期中，税金的管控已经不再依赖于开票的数据。被查的明星主播们难道是因为开了票没纳税才被查的吗？显然不是。

误区 6：成本不够怎么办？买票来列支。

很多人以为：只要自己公司没有开具不符合实际情况的发票，就不是虚开发票，甚至某些年薪百万的财务负责人也是这样认为的。实际上，虚开发票，包括为他人虚开发票、为自己虚开发票、让他人为自己虚开发票、介绍他人虚开发票等情形。① 所以，接受虚开发票也是虚开发票，介绍虚开发票也是虚开发票！

买票是虚开发票，虚开发票就是犯罪。虚开的如果是增值税专用发票，只要虚开发票的税款数额达到 1 万元以上，就触犯了刑法，应予追究刑事责任。② 另外，《中华人民共和国刑法》第二百零五条规定，公司虚开发票的，对单位判处罚金，并对其直接负责的主管人员和其他直接责任人员判处刑罚，最高可处无期徒刑。看完这些，你还敢买票吗？

---

① 《中华人民共和国发票管理办法》第二十二条第二款规定：任何单位和个人不得有下列虚开发票行为：
  （一）为他人、为自己开具与实际经营业务情况不符的发票；
  （二）让他人为自己开具与实际经营业务情况不符的发票；
  （三）介绍他人开具与实际经营业务情况不符的发票。

② 虚开发票犯罪立案追诉标准
  虚开专票或其他可以抵扣税款的发票：虚开增值税专用发票或者虚开用于骗取出口退税、抵扣税款的其他发票，虚开的税款数额在一万元以上的，应予立案追诉。
  其他发票，涉嫌下列情形之一的，应予立案追诉：
  （一）虚开发票一百份以上或者虚开金额累计在四十万元以上的；
  （二）虽未达到上述数额标准，但五年内因虚开发票行为受过行政处罚二次以上，又虚开发票的；
  （三）其他情节严重的情形。

金税四期下能不能进行税务筹划

在这样的背景下，很多人对我说："在金税四期下，就不能做税务筹划了吧？"其实并不是。

真正的税务筹划，往往需要变更经营实质，从短期看，它的作用似乎不显著；但从长期看，它几乎无风险。就像被查处的明星、主播等，本可以挣更多的钱，却因为只看短期利益不重视潜在风险，导致被全网封杀，葬送了星途。

随着金税四期的上线，未来偷税漏税的潜在风险和成本会越来越高，偷税漏税的空间也越来越小。从长远看，税务筹划能够为企业降本增效，并且不会增加企业的经营风险。

本书将带领大家探寻金税四期下税务筹划的诀窍，真正做到合规纳税、降本增效，从而揭开税收的财富密码。

第 1 章
金税四期背景下的税收概况

财富每天都在流动，可能是金额的流动，也可能是
主体的流动，只要有财富流动，就存在税收问题。

1.1　税收如何影响财富分配

对于财富高净值人群而言，税收会成为调节个人财富的工具，如果不懂税，很可能会造成财富流失。对于尚在进行财富积累的人而言，了解税收体系，有利于更好地进行家庭资产配置。

税收如何影响初次分配

初次分配，是生产，是创造。例如，农民收获一粒稻谷、工人安装一颗螺钉、华为建造一个 5G 基站、阿里与京东"双11"卖出万亿元的商品等，这些都是生产活动，而从生产到销售，价值 1 分的水稻变成了价值 1 元的大米，1 角的螺钉变成了手机维修店检修单上 10 元的零部件，100 万元的基站产生了上亿元的流量收入，商贩们进价 10 元的货物在批发时售价 13 元，这些活动中都包含了生产、创造和初次分配。

"做蛋糕"模型：无税的市场机制

初次分配是把面粉加工成蛋糕并把蛋糕做大的过程，追求的是效率，是蛋糕越大越好。在理想情况下，蛋糕大了，每个人分得的蛋糕应该同比例增加，这样既高效又公平。但是经济学告诉我们，实际情况并非如此。"做蛋糕"模型如图 1-1 所示。

10元的人力投入　　10元的面粉成本　　价值100元的蛋糕

图 1-1 "做蛋糕"模型

假设有两个人做蛋糕，小明负责采购面粉等原材料，小红负责加工蛋糕，本来谈好的条件是，做好的蛋糕收入对半分。但是，在 A 市场中，面粉稀缺，只有小明才有渠道买到，没有小明就做不了蛋糕，这时小明的议价权就变大了。在蛋糕价值变大一倍的情况下（40 元），若小明分走了 3/4，小红仅分得 1/4，那么长期下去，小明富起来了，小红分到的蛋糕与过去相比没有变化。表面看来，小红没有吃亏，但是在初次分配中，蛋糕越来越贵，面包也越来越贵，过去小红可以分到一半的蛋糕，能换回一个面包，现在小红只能分到 1/4 的蛋糕，虽然还是和过去的价值一样，但换不回一个面包。因为通货膨胀了，小红不仅没有富起来，相对地，她更穷了。

即使不考虑通货膨胀因素（假设面包没变贵），小红没有更穷，但是，她过去可以吃一个面包，小明过去也只吃一个面包，但是她今天还是吃一个面包，小明却已经吃上两个面包加一个鲍鱼了。相对地，小红还是变穷了。著名经济学家罗伯特·弗兰克（Robert Frank）将这种现象称为行为外部性（behavior externality）。

上面谈到的这个例子，就是初次分配中的不公平性。因为初次分配讲求效率，只考虑在最短的时间内，谁能做出最大的蛋糕，至于蛋糕怎么分配，是根据市场原则来的，谁的议价能力更强，谁就能分到更大的蛋糕。在不同的市场中，初次分配的不公平性是不一样的。在 A 市场中，面粉一袋难求，小明能分到更大的蛋糕，但在 B 市场中，面粉很容易得到，反而做蛋糕的手艺人非常稀缺，这时，小红就有了更大的议价权。

"流转税"：难以解决初次分配的不公

初次分配中有没有税呢？有，初次分配中主要涉及流转税。什么是流转税？就是在商品流通过程中交的税，包括增值税和消费税。小明把自己分到的 3/4 个蛋糕卖掉，以及小红把自己分到的 1/4 个蛋糕卖掉，都需要交流转税中的增值税，而增值税是由买方承担的，也就是买蛋糕的人实际承担了这部分税。本来一个蛋糕卖 100 元，因为有增值税，一个蛋糕的价格变成了 113 元，买家实际支付了 113 元，其中 13 元交给了国家，最后卖家得到 100 元。卖家没有实际承担这部分税款，也就意味着小明和小红的贫富差距没有因为税金而变小。

如果这个蛋糕属于消费税征税范围中的奢侈品蛋糕，那么，除了涉及增值税，还涉及消费税，这时，加上消费税后，蛋糕的价格变成了 120 元，同样地，多出的 20 元也由消费者承担，消费税也没有起到财富重新分配的作用。

税收如何影响再分配

正因为初次分配中存在不公平性，所以产生了二次分配（又叫再分配）。

"分蛋糕"模型：税收的强制干预

还是以小明和小红两个人做蛋糕为例，小明负责采购面粉等原材料，小红负责加工，小明分得 3/4 个蛋糕，小红分得 1/4 个蛋糕，小明获得的蛋糕是小红的 3 倍。由于初次分配的不公，所得税产生了。

"所得税"：再分配的秘诀

不同于流转税，所得税的税负不是由消费者承担的，而是由受益人承担的，且税负是不均衡的，即小明和小红分得的蛋糕不一样大，所得税的税负就不一样。再分配的关键在于税负累进。税负 = 交的税 / 收入。所谓累进税率，是指随着收入的增加，税负也随之增加，收入和税负并不呈正比，连续式累进（见图 1-2）是向右上方倾斜的曲线，但连续式累进难以操作，所以我们现阶段更多采用的是跳档式累进（见图 1-3）。

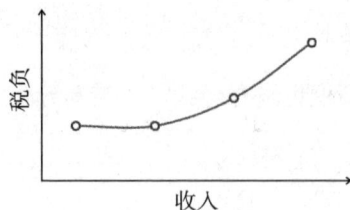

图 1-2　连续式累进

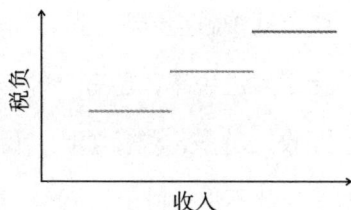

图 1-3　跳档式累进

目前采用跳档式累进的税种包括个人所得税、土地增值税。与累进税率相对应的是固定税率，固定税率意味着，无论计税依据（如收入）如何变化，税负是恒定的。固定税率包括定率税率和定额税率两种。定率税率，比如个人财产转让，以财产转让收入减去成本，乘以 20% 的固定税率，不管是卖 100 亿元的股票，还是卖 1 元的回形针，税率都是 20%；定额税率，如过去领取营业执照，按 5 元固定税额缴纳印花税（2022 年 7 月 1 日起不再征收），不管领取多少本营业执照都是每本 5 元，不会累进到每本 50 元。个人所得税综合所得税率表如表 1-1 所示。

表 1-1　个人所得税综合所得税率表

级数	全年应纳税所得额	税率	速算扣除数（元）
1	低于 36 000 元	3%	0
2	36 000 ~ 144 000 元（不含）	10%	2 520
3	144 000 ~ 300 000 元（不含）	20%	16 920
4	300 000 ~ 420 000 元（不含）	25%	31 920
5	420 000 ~ 660 000 元（不含）	30%	52 920
6	660 000 ~ 960 000 元（不含）	35%	85 920
7	高于 960 000 元	45%	181 920

从表 1-1 可以看到，这是典型的跳档式累进，随着收入的增

加，税负从 3% 逐步提高至 45%。

除了累进税率，还有一种与之相反的计税方式——累退税率，即收入越多，税负越低。目前我国没有采取累退税率，因此本书对此不进行讨论。

回到案例，小明和小红两个人做蛋糕，小明负责采购面粉等原材料，小红负责加工，卖掉蛋糕后获利 133 万元，由于面粉具有稀缺性，在分配利润时，小明分得 100 万元，小红分得 33 万元。假设不存在可扣除的任何费用，小明按 45%[①] 纳税，而小红按 25% 纳税。

小明应交税额 =1 000 000×45%−181 920=268 080（元）

实际税负 =268 080÷1 000 000×100%=26.8%

小明税后所得 =1 000 000−268 080=731 920（元）

小红应交税额 =330 000×25%−31 920=50 580（元）

实际税负 =50 580÷330 000×100%=15.3%

小红税后所得 =330 000−50 580=279 420（元）

交税前，小明所得为小红所得的 3 倍，交税后，小明所得为小红所得的 2.6 倍，虽然小明分得的利润比小红多，但是贫富差距有所缩小。

税成为再分配的主要工具。它降低了财富分配不均的不公平性，但又不是平均主义。初次分配和再分配的结合，就是效率和公平的结合。

① 45%和25%为边际税率，后文会详细讲解。

税收如何影响三次分配

在过去的几十年里，初次分配和再分配密切合作，成效颇佳。但是近年来，随着经济水平进一步提升、线上经济兴起等的影响，贫富差距越来越大。

"分蛋糕"模型：税收促进自愿分配

根据税法，小明依法纳税 268 080 元，小红依法纳税 50 580 元，国家对此税款进行再分配，最终小明税后所得为 731 920 元，小红税后所得为 279 420 元。然而除了做蛋糕的人，这个社会还存在无法参与做蛋糕的人（比如低保户），他们领取的低保来源于财政，比如小光，小光没有付出劳动，也得到了 5 000 元[①]。这是再分配。

那么，什么是三次分配呢？小光得到的 5 000 元仅可以维持自己和孩子的日常生活，没有多余的资金让儿子接受职业教育。于是，小明从自己所得的 731 920 元中，拿出 30 000 元资助小光的儿子接受职业教育。这就是三次分配。

小光的儿子本来可能会成为和小光一样的低保户，不生产只消耗，但是由于他接受了职业教育，未来能产出蛋糕，整个社会因为小明的资助（三次分配），多了小光的儿子生产的这部分蛋糕。三次分配不仅是财富的转移，也促使整个社会的蛋糕做大了，实现了效率和公平的平衡。

三次分配和再分配，都是再次进行蛋糕分配，但再分配是

[①]　金额纯属假设。

国家主导的强制行为，而三次分配是自愿自发的自主行为。

"税收优惠"：三次分配的推进器

如果小明拿出 30 000 元投入公益事业，小明能得到什么？如果小明什么也得不到，小明为什么愿意这样做？

此时税收的力量便显现了。

小明拿出 30 000 元投入公益事业，可以在税前扣除，这使得小明可以少交税。

如果一家盈利的公司（非小微企业）投入 30 000 元用于乡村振兴的光伏发电研发，则可以在再分配中少纳税。由于研发费用可以在税前加计扣除，公司投入 30 000 元用于研发，实际上能在税前扣除 60 000 元[①]，那么再分配时，公司可以少交 15 000 元[②]的税，公司拿出 30 000 元用于乡村振兴，实际上只承担了 15 000 元的成本，此外，由于这项研发提升了公司的美誉度，扩大了品牌效应，因此公司的盈利更多了。

同时，乡村振兴促使村民们多产出了"蛋糕"（从光伏发电中获得利益），从整个社会效益看，整体的"蛋糕"也被做大了！

三次分配为什么能实现双赢？因为税收优惠能够反哺初次分配，使蛋糕变大，同时，参与蛋糕分配的人，都分到了比之前更大的蛋糕。

没有税收，三次分配就难以大面积启动，因为富人不会从

---

① 假设符合100%加计扣除的政策。

② 税率为25%，即60 000×25%=15 000（元）。

中获益。但是有了税收的推动,三次分配能够使穷人和富人都从中获益,贫富差距能够随之缩小。

最近引起广泛关注、正在试点的房地产税,未来可能出台的遗产税,研发费用加计扣除等税收优惠,都是三次分配的重要推手。

1.2 各税种的介绍

有财富流动的地方,就有税收。

我国现行税种

在废除了以前的营业税、农业税、屠宰税等税种后,我国目前现行税种有 18 种。具体税种及其功能和性质如表 1-2 所示。

表 1-2　税种及其功能和性质

税种功能和性质	包含税种
流转税类	增值税、消费税、关税
所得税类	企业所得税、个人所得税
资源税类	资源税、城镇土地使用税
特定目的税类	城市维护建设税、耕地占用税、土地增值税、烟叶税、环境保护税
财产和行为税类	房产税、车船税、印花税、契税、车辆购置税、船舶吨税

表 1-2 中不包括税务局代收的政府收费：教育费附加、地方教育附加、文化事业附加费、工会经费、残疾人保障金、社会保险费（部分已转移至税务局缴纳）等。

其中，有些由特殊行业缴纳的税费，我们一般不会遇到，比如关税是涉及进口业务才会征收的，只在境内销售货物或者提供服务是不交关税的[①]；船舶吨税是拥有船舶的纳税人需考虑的问题，一般企业也不用缴纳。并且有些税费金额不大或者占比很小，对商品和财富的流通造成的影响也很小。

那么哪些税种是我们必须了解的呢?

根据 2021 年政府公布的数据[②]，全国税收总收入 172 731 亿元，主要税收收入项目情况如下。

（1）国内增值税 63 519 亿元，同比增长 11.8%。

（2）国内消费税 13 881 亿元，同比增长 15.4%。

（3）企业所得税 42 041 亿元，同比增长 15.4%。

（4）个人所得税 13 993 亿元，同比增长 21%。

（5）进口货物增值税、消费税 17 316 亿元，同比增长 19.1%。关税 2 806 亿元，同比增长 9.4%。

（6）出口退税 18 158 亿元，同比增长 33.2%。

（7）城市维护建设 5 217 亿元，同比增长 13.2%。

（8）车辆购置税 3 520 亿元，同比下降 0.3%。

---

① 各国为了鼓励出口，出口往往免税，这就导致出口到别国的商品的含税价，可能比本国要低。关税是为了防止别国以低于本国厂商的价格出口商品，从而对境内厂商造成不公平竞争而征收的。

② 数据来源：财政部官网。

（9）印花税 4 076 亿元，同比增长 32%。其中，证券交易印花税 2 478 亿元，同比增长 39.7%。

（10）资源税 2 288 亿元，同比增长 30.4%。

（11）土地和房地产相关税收中，契税 7 428 亿元，同比增长 5.2%；土地增值税 6 896 亿元，同比增长 6.6%；房产税 3 278 亿元，同比增长 15.3%；耕地占用税 1 065 亿元，同比下降 15.3%；城镇土地使用税 2 126 亿元，同比增长 3.3%。

（12）环境保护税 203 亿元，同比下降 1.9%。

（13）车船税、船舶吨税、烟叶税等其他各项税收收入合计 1 236 亿元，同比增长 7.1%。

从以上数据可以看出，国内增值税和企业所得税合计 10.5 万亿元，占税收收入总额的 60%，因此，本书将重点介绍增值税和企业所得，简要说明其他税种。

增值税：流转环节，三档税率，买家负税

2021 年，我国税收收入总额为 172 731 亿元，国内增值税（不含进口征收的增值税）为 63 519 亿元，贡献了超 1/3 的税收收入，是我国最大的税种，加上进口环节的增值税，这一占比会更大。

增值税具有哪些特点呢？

第一，增值税不区分主体，对卖方的流转行为征税。

增值税是流转税的一种。所谓流转税，就是对商品、服务、财富的流转征收的税，不管流转的主体是谁。但是主体会影响

税负高低，比如个人往往比企业的税负低，小公司往往比大公司的税负低，政府、学校等非营利性主体往往享受减免税优惠政策。

第二，卖的东西不同，税率就不同。

小明和小红卖蛋糕，不管是以企业还是个人的名义卖，在卖掉蛋糕的同时，蛋糕发生了流转，需要缴纳增值税，税率通常为 13%[①]。

如果小明和小红在卖蛋糕的同时，还提供 DIY 蛋糕体验服务，这属于服务的流转，也需要缴纳增值税，税率通常为 6%。

小明和小红为了卖蛋糕，买了一套商铺，对商铺的卖家而言，这是财富（不动产）的流转，卖家需要缴纳增值税，税率通常为 9%。

第三，增值税由最终消费者承担。

假如没有税收，人们给蛋糕的定价是 10 元，在有税收之后，卖蛋糕的人就会提高定价，买蛋糕的人就要花比 10 元更高的价格，其中最直观的影响就是增值税。

如果小明和小红卖蛋糕的增值税税率是 13%，那么消费者就需要花 11.3 元[②]的价格买这个蛋糕，多出的 1.3 元，就是消费者承担的增值税。

甲在买下蛋糕后，突然不想吃蛋糕了，于是在某二手平台上把蛋糕卖掉，乙买了这个蛋糕。假设售价还是 11.3 元，这时，

---

① 为简化，不考虑小规模纳税人或税收优惠政策。

② $10 \times (1+13\%) = 11.3$（元）

甲不是最终消费者，乙才是吃掉蛋糕的最终消费者，所以乙是承担增值税的人，虽然乙在整个过程中没有向税务局申报纳税（小明和小红作为卖家是纳税人），但乙实际承担了增值税。

总结：我们通常所说的免税店，免的就是增值税。为什么大家热衷于去免税店购物呢？因为它们卖得比非免税店便宜。它们为什么卖得比非免税店便宜？这是因为当地政府为了扶持这些产业，允许它们在卖货时免交增值税，免税的受益人自然就是消费者。

在某些国家买东西时，消费者可以看到价格和税款是分开列示的，价税合计就是消费者实际要支付的金额。在我国，没有将价税分开的习惯，所以，我们在超市、电商平台、餐厅看到的价格，都是含税价。

看到这里，大家不妨思考一个问题，2019—2020 年，国家已施行了两次增值税的减税降费，降低了增值税税率，那么，我们有没有感到物价下降呢？

答案是没有，因为我们习惯了支付含税价，所以当增值税税率下降时，商家不需要降价，消费者也感觉不到降价，商家则可以获得更多的利润。

用一句口诀来总结就是：商品服务不动产，流转要交增值税；卖家纳税不心疼，实际负税是买家。

企业所得税：盈利主体纳税，税率统一，卖家负税

作为我国第二大税种，2021 年企业所得税税收收入为

42 041 亿元，其贡献了约 1/4 的税收总收入。

相比增值税，企业所得税的特点，可以用以下三句话来概括。

第一，企业所得税对特定主体的盈利征税。

如果说增值税是不分主体，对流转征税，那么企业所得税正好反过来，它是"看人下菜碟"，只对有限责任公司、股份有限公司征税，对其他类型的公司"爱答不理"。

小明和小红共同出资成立了悟空有限责任公司，公司业务就是做蛋糕和卖蛋糕，公司需要交增值税和企业所得税。

增值税就像一个"吃货"[①]，跟着"蛋糕"跑，从买面粉到卖蛋糕，它一路跟着，一直到蛋糕被最终的消费者购买。而企业所得税更像一个"财迷"，它并不在乎做蛋糕的过程，只在乎是谁做的蛋糕，这个做蛋糕的人赚没赚到钱，只要赚了钱，它就要去分一杯羹，如果做蛋糕的人不仅没赚到钱还亏损了，那么企业所得税就像"负心汉"一样，离你而去。

第二，企业所得税的税率统一。[②]

增值税中对卖蛋糕、提供蛋糕 DIY 体验和卖商铺行为的税率各不相同，但企业所得税对所有行为一视同仁，我国企业所得税的法定税率是 25%，不管卖什么都一样。

第三，企业所得税的纳税人和负税人[③]统一。

如果说增值税是卖家纳税、买家负税，纳税人和负税人是

---

① "吃货"是指喜欢吃各种美食的人。

② 为简化，不考虑小微企业、高新企业、科技型中小企业等的税收优惠政策。

③ 负税人是指实际承担税款的人。

不同的主体，那么企业所得税就是卖家纳税、卖家负税，纳税人和负税人是同一个主体。

我们能计算出一个蛋糕需要交多少增值税，因为增值税的计算方式决定了它只和收入有关（收入 × 税率）；但我们计算不出卖一个蛋糕要交多少所得税，因为企业所得税的计算方式包含了许多收入以外的因素（盈利 = 收入 − 成本 − 费用等），由于每家公司做蛋糕的成本、管理费用、营销费用、负债等情况不一样，即使蛋糕的售卖价格一样、款式一样，不同企业的企业所得税也不会相等。

总结：增值税盯住"物"①，企业所得税盯住"人"；增值税更直接，只看到一个人卖了一套价值 1 000 万元的房产这一行为，企业所得税更务实，需要深入关注这个"人"的所有收入、成本、费用，计算他一年的盈利。

对于它们截然不同的特性，国际上把这些不同的税，分成直接税和间接税两类。

增值税是间接税，因为国家实际上想对最终的消费者征税，却让商家缴纳；企业所得税是直接税，企业既是纳税人也是负税人。

个人所得税：盈利主体负税，税率不统一，分类征税

2021 年我国个人所得税总征收额为 13 993 亿元，贡献了不到 1/10 的税收总收入。随着个人所得税的管控越来越严，这个

---

① 这里的"物"不仅包括有形的物，也包括有价值的无形的物或者服务。

比例将会有所增长。

和企业所得税一样，个人所得税也是对特定主体的盈利征税，它们的区别在于特定主体由公司变成了自然人、个体工商户（以下简称个体户）、个人独资企业、合伙企业的自然人合伙人等；个人所得税也是直接税，谁纳税谁负担。

和企业所得税不同的另一点是，个人所得税的税率不统一。你卖房所得的税率和你工资收入的税率不一样，你创办个体户获得的收益的税率和你收取股息红利的税率不一样，你炒股所得的税率和你中奖所得的税率不一样。

总结：针对企业所得税和个人所得税税率的差异，国际上将所得税分为综合所得税制和分类所得税制两类。企业所得税是典型的综合所得税制，它只看你挣了多少钱，不管你是怎么挣到的钱，所有的盈利都被汇总在一起纳税；个人所得税在2019年之前实行的是分类所得税制，2019年开始的个税改革，把部分税目进行了合并，变成了综合与分类相结合的所得税制。例如，我们每年要做汇算清缴的工资薪金、劳务报酬、稿酬、特许权使用费合并叫作"综合所得"，其他未合并的，如财产转让所得、利息股息红利所得、偶然所得等就属于"分类所得"。

综合所得税制的优势在于，亏损和盈利可以相互抵销，作为一家公司，其中一条业务线赚钱，另外一条业务线亏损，亏损可以抵减盈利，以抵减后的金额纳税。而分类所得税制则不行，我炒股亏了50万元，但卖房赚了100万元，我需要按100万元纳税，不能抵减炒股的亏损。

其他税种

剩下的税种，我们可以用几句话来简单概括一下。

消费税：消费税对 17 种高档货物征收，与增值税相同，它属于间接税，由买方负担。

契税：契税对不动产的买方征税，农村集体土地除外，税率为 3% ～ 5%。

土地增值税（以下简称"土增"）：土增对不动产的卖方征收，个人销售住房免税，其他情况都涉及。需要注意的是，很多人分不清土增与增值税，虽然它们都叫增值税，但它们是完全不同的两个税种。可以用一句口诀进行简单区分："买房囤地交契税，卖房卖地交土增。个人住房不纳税，商铺车位不能免。"

城市维护建设税：城市维护建设税是特定目的税类，它是为了建设城市而征收的，随增值税和消费税一同缴纳，城区按实际缴纳的增值税和消费税的合计金额的 7% 缴纳，县、镇的缴纳税率分别是 5% 和 1%。

车辆购置税：顾名思义，是消费者在购置车辆时交的税，通常由 4S 店代收代缴，购买新能源汽车享受一定的优惠政策。

印花税：签订合同的当事人根据合同金额等乘以一定税率来缴纳印花税，如果账簿资本（实收资本和资本公积的合计数）增加，也需要缴纳印花税。印花税税率是所有税种中最低的。

房产税：在除农村以外的地区征收，一般由房产的所有人缴纳，所有人自用的，按房产原值交税，所有人出租的，按租金交税，住宅的所有人在缴纳房产税时享受一定的优惠政策。

城镇土地使用税：在除农村以外的地区征收，很多时候都和房产相依相伴，所以我们时常将它们称为"房土二税"。土地上没有房屋，只有土地使用权，则不存在房产税，只缴纳土地使用税。土地使用税的税率是定额税率，即按每平方米缴纳一定的金额。具体金额依地段而定（地段越稀缺，纳税金额就越高），具体税额由各省制定。

资源税：对在中华人民共和国境内和管辖海域内开采资源征税，包括矿产、盐等不可再生资源。

耕地占用税：对占用耕地的行为征税，与土地使用税按年征收不同的是，耕地占用税只征收一次。耕地占用税也是定额税率，但是税额比土地使用税高许多，因为耕地资源更稀缺。

环境保护税：对直接向环境排放的大气污染物、水污染物、固体废物和噪声征税。

第 2 章

创业及投融资的税务筹划要点

2.1 创业公司的股权架构选择

如果问我接到最多的咨询是哪类业务，那一定是和股权架构相关的咨询。创业者在创立公司时如何在合伙企业、有限责任公司（以下简称"有限公司"）、股份有限公司（以下简称"股份公司"）、个人独资企业和个体工商户（以下简称"个体户"）之间做出选择？创业者必须先弄清楚合伙企业、有限公司、股份公司与个体户之间的区别，然后再考虑最适合成立哪种性质的公司。

"单组织"模型：从生到死

假设创业者只能在合伙企业、有限公司、股份公司、个体户与个人独资企业这些组织形式中选一个，那么这些形式的区别是什么？

案例 1：个体户如小家庭

小明成立了一个个体户，开了一家蛋糕店，自己买面粉，聘请糕点师小红做蛋糕，给小红支付工资。如果蛋糕店的顾客中有人因吃蛋糕而吃坏了肚子，需要赔钱，不管索赔多少，小明都得赔。①

小红获得的工资按工资薪金所得缴纳个人所得税（3% ~ 45% 的累进税率），而小明按蛋糕店的收入减去成本（成本中包含支付给小红的工资），乘以 5% ~ 35% 的累进税率缴纳个人所得税。②

个人独资企业和个体户的法律风险、纳税情况基本一致，因此不做单独讨论。③

个体户如小家庭，出事了就是整个家庭的事，一旦出大事，就是灭顶之灾。个人和个体户的关系就像夫妻，虽然各自负责各自的花销，实际上却不分彼此，一本账扎总。

👑 案例 2：合伙企业的股东关系如亲兄弟

小红拥有核心技术——会做蛋糕，不满足于只拿工资，于是小明和小红一起做蛋糕，小明花 4 元钱买面粉，做好的蛋糕售价 10 元 1 个。如果小红在其他地方做蛋糕，工资收入是 4 元。随着小明和小红做的蛋糕越来越多，他们想规模化经营，成立一个组织。成立组织需要出资，经协商决定，小明出资 40 元，小红也出资 40 元。那么他们设立公司应该选哪种形式呢？

---

① 部分地区，如深圳，在试行个人破产制度。在个人可以破产的情况下，小明也不一定需要全额赔付。

② 个体户不交企业所得税，而是交个人所得税。

③ 个人独资企业可设立分支机构，员工数量无限制；个体户不可设立分支机构，雇员人数有限制。个人独资企业，经营者和投资者可以不是同一个人；个体户，经营者和投资者必须为同一个人。个人独资企业能以企业自身的名义进行法律活动，个体户是以公民的个人名义进行法律活动。

　　合伙企业分为普通合伙企业和有限合伙企业。

　　如果小明和小红成立普通合伙企业，他们都对企业风险承担无限连带责任，假如顾客甲买蛋糕吃坏了肚子，按照法律规定可以索赔 2 000 元，那么不管这个合伙企业有多少钱，哪怕是资不抵债，小明和小红也必须共同承担这 2 000 元的赔偿款。这是合伙企业的连坐性。

　　如果他们成立的是有限合伙企业，那么至少有一个人要承担无限责任，即有限合伙企业的"股东"（法律上称为合伙人）中必须既有普通合伙人（承担无限责任），又有有限合伙人（承担有限责任）。

　　小明除了供应面粉，不负责其他事务，但小红还要雇用糕点师并对其进行管理，经过商议，二人认为小红对企业理应承担更多的责任，因此，小红作为普通合伙人入资，承担无限连带责任。顾客吃坏肚子需要赔偿 2 000 元，但合伙企业只有 80 元的资本金，这时需要先用合伙企业 80 元的共同财产进行赔付，剩余的 1 920 元，全部由小红赔付，小明不需要再出钱。

　　假如，无论成立普通合伙企业还是有限合伙企业，第一年都不挣钱。第二年，合伙企业盈利 80 元，按照小明和小红的约定，他们对利润进行平分。此时，小明和小红都需要将 40 元作为计税基数缴纳个人所得税[①]。税率是 5% ~ 35% 的累进税率。

　　要注意，合伙企业无须缴纳企业所得税，直接按应分配给合伙人的金额，由合伙人纳税，合伙人是个人，就缴纳个人所

---

① 此处为了简单易懂，没有考虑起征点的问题。

得税，合伙人是公司，就缴纳企业所得税。这是合伙企业的税收透明性，即合伙企业本身不作为一个税收实体，国家不对其征税，直接穿透到合伙人层面征税。

如果合伙企业为了发展，第二年虽然盈利但是决定不分配利润，而是将利润投入第三年进行扩大再生产，小明和小红是否需要缴税？他们还是要缴税的，缴税金额与分不分配利润完全无关，只与合伙企业当年是否盈利有关。这是合伙企业的分家性。

🏅 案例3：有限公司的股东关系如养父子

由于合伙企业必须有人承担无限连带责任，小明和小红谁都不愿意承担，于是他们转而成立有限公司，有限公司的股东都只需承担有限责任（以出资额为限）。

如果顾客因吃蛋糕而吃坏了肚子，法律规定可以索赔2 000元，但是因公司资不抵债，他只拿到了80元的赔偿，剩下的1 920元，他向法院起诉要求赔偿，法院认为公司资不抵债，于是宣告该有限公司破产。破产之后，小明和小红都无须再偿还1 920元的欠款了。那么顾客怎么办呢？顾客只能自己承担这部分损失了。这就是有限公司的独立性，公司出了事也不影响股东。

有限公司成立后的第一年未实现盈利，第二年盈利了80元，按25%的税率缴纳企业所得税，缴税后还剩余60元的未分配利润。如果对这60元的利润不进行分配，而是将其投入下一年的再生产，那么小明和小红都无须缴税；如果将这 60 元分配给小明和小红，那么小明和小红要就收到的 60 元缴纳个人所得税 12 元，即 60×20%（股息红利所得，固定税率为 20%）。从初次分配创造的 80 元盈利，经过再分配只剩下 60-12=48（元），一共缴纳税款 80-48=32（元），税负 =32/80=40%！其中 25% 是公司缴纳的企业所得税，15% 是个人实际负担的税（公司纳税后的 75%× 个人所得税税率 20%=15%）。这表现的是有限公司的实体性，即它作为一个税收实体，需要单独缴一次税。

我们对比发现，合伙企业累进税率最低只有 5%，最高也才 35%，但是成立有限公司后，个人最终税负高达 40%！很明显，有限公司的税负比合伙企业的税负高。

如果结论正确，那么市场主体应该以合伙企业为主，基本不存在有限公司才对，但是我们所能看到的大部分市场主体却是有限公司，这是为什么呢？

主要原因有以下两点。

其一，有限公司可以选择不分配利润给股东。如果企业持续性扩大再生产，就有可能一直不分配或少分配利润，这时有限公司无论盈利多少，只需缴纳 25% 的企业所得税，而合伙企业最高要缴纳 35% 的个人所得税，同时还存在很大的连坐风险。另外，有些企业是夫妻持股或者一人有限公司（只有一个股东），这时他们也可以不分配利润，因为无论分配与否，利润都是完全受股东支配的财产，无须分配给个人。

其二，有限公司（包括下面即将介绍的股份公司）可以享受税收优惠政策。截至 2022 年年底，年盈利在 100 万元以下的小微企业^①，实际税负只有 2.5%；年盈利在 100 万 ~ 300 万元的企业，实际税负只有 5%；只有年盈利超过 300 万元的企业，才需要按 25% 全额纳税。^②这么算下来，年盈利在 100 万元以内的小微企业，即使分配，实际税负也只有 22.5%，实际中更多的情况是不分配，只缴纳 2.5% 的企业所得税。

🔖 案例 4：股份公司的股东关系如陌生人

小明和小红干到第三年，感觉公司规模有所壮大，两个人不足以再使公司发展壮大了，于是一商量，决定引入新股东。有限责任公司的股东人数是 1 ~ 50 人，而股份有限公司的股东人数是 2 ~ 200 人，当小明和小红的蛋糕店发展到一定规模，股东人数超过 50 人时，就只能将组织形式变更为股份公司。

总体来说，股份公司与有限公司相似，所有股东承担有限责任，但是股东人数变多了，股东之间不熟了。如果说，合伙企业的合伙人之间是以亲兄弟般的信任关系合作经营的，有限

---

① 小微企业是指资产总额不高于5 000万元且职工人数不超过300人的企业。

② 根据《财政部 税务总局关于实施小微企业和个体工商户所得税优惠政策的公告》（2021年第12号）第一条、《国家税务总局关于落实支持小型微利企业和个体工商户发展所得税优惠政策有关事项的公告》（2021年第8号）第一条、《财政部 税务总局关于进一步实施小微企业所得税优惠政策的公告》（2022年第13号）、《国家税务总局关于小型微利企业所得税优惠政策征管问题的公告》（2022年第5号）：

1.自2021年1月1日至2022年12月31日，对小型微利企业年应纳税所得额不超过100万元的部分，减按12.5%计入应纳税所得额，按20%的税率缴纳企业所得税。

2.自2022年1月1日至2024年12月31日，对小型微利企业年应纳税所得额超过100万元但不超过300万元的部分，减按25%计入应纳税所得额，按20%的税率缴纳企业所得税。

公司的股东之间是以普通朋友一样的试探关系合作的，那么股份公司股东之间的关系就更接近于陌生人，他们不熟，不连坐，彼此之间的合作主要是资本和资源的合作（资合性），而不是人与人的合作（人合性）。这时，股份的流动变得容易了，股份的价值更容易确定。

所有的上市公司都只能是股份公司。在税负上，股份公司和有限公司一样。

分行业：初创企业股权架构设计

前面我们简单讨论了个体户、合伙企业、有限公司和股份公司的基本性质与区别，那么初创企业到底应该选择哪种股权架构形式呢？

只有一个人作为股东，且从事的行业以生活服务为主（餐饮、住宿、零售、娱乐等）的情况下，我们才可能会选择个体户（这时也可以选择一人有限公司）。假设股东是两人以上，应该如何选择？

实体公司的选择：有限公司或股份公司为主

如果你的创业项目是传统的实体经济，如制造业（做蛋糕）、批发零售业（卖蛋糕）、服务业（让顾客体验做蛋糕），那么我们建议你选择成立有限公司或股份公司，一来可以隔离风险，只承担有限责任，因为实体经济的法律风险比较大（比如顾客因吃坏肚子而索赔）；二来可以享受小微企业的税收优惠政策，而且实体经济通常分红的比例小，大部分利润会留作扩大再生产。

一般而言，只有在创业初期就计划未来会上市或者是股东较多的情况下，才会选择股份有限公司；否则，初创企业一般会选择有限公司的股权架构形式。

投资公司的选择：合伙企业为主

市面上的合伙企业很多是持股平台或信托计划的公司，它们以投资为主要目的，之所以这样选择，是因为投资性主体以收取股息红利或利息为主要收入来源，而合伙企业的个人合伙人收到的股息红利或利息，不是按合伙企业个人所得税5%～35%的税率纳税，而是按固定税率20%纳税[①]，与个人持股取得股息红利是一样的税率。直接成立合伙企业来收取股息红利，还能免去中间那道企业所得税。

需要注意的是，如果合伙企业的合伙人不全是自然人，有一部分合伙人是公司法人，那么该合伙人收到股息红利的税负是增加的。因为公司直接投资公司，收回的股息红利不纳税，但是间接投资（中间加设合伙企业）的情况下，收回的股息红利需按25%的税率缴纳企业所得税。

因此，合伙企业作为投资公司，对个人合伙人是有利的，对公司合伙人是不利的。但是，如果信托合伙企业的普通合伙

---

① 国税函〔2001〕84号第二条规定，个人独资企业和合伙企业对外投资分回的利息或者股息、红利，不并入企业的收入，而应单独作为投资者个人取得的利息、股息、红利所得，按"利息、股息、红利所得"应税项目计算缴纳个人所得税。
部分地区没有严格执行，存在全国不统一的现象。

人是公司，它分得股息的比例很小，而有限合伙人是个人，他占有极大的分红比例，那么，采取合伙企业依然是划算的。而合伙企业的分配比例是合伙人之间自行确定的，不一定等于出资比例，这给合伙企业作为投资平台无疑提供了较大的利好。

综合考虑：合伙企业作为持股平台

前面我们考虑的架构都是单组织架构，实际上我们可以设置多重股权架构，比如由合伙企业作为持股平台，持有被投资企业有限责任公司的股权。

合伙企业作为持股平台，有如下优势。

（1）作为融资平台，国有企业买卖合伙企业份额通常比买卖股权要容易，少很多手续。

（2）很多上市公司都采用合伙企业作为持股平台，用来开展高管股权激励计划。

（3）合伙企业破除了有限公司对股东人数的上限，一个有限公司可以有 50 个合伙企业作为股东，同时这 50 个合伙企业，可能每个合伙企业都有 10 个合伙人，以此实现 500 个股东持股，这是一种倍增效应。并且，合伙企业的股东变动不会引起实体公司的股权变动，有利于股权结构保持稳定。

（4）合伙企业不需要同股同权，不光是投票权，连分红权都可以和出资比例不一样，这对创业企业大规模吸纳融资很有优势，出钱多的不一定更有话语权，也不一定分得更多利润。

（5）合伙企业可以以劳动力"出资"成为合伙人，并且这类合伙人通常是普通合伙人，拥有企业管理权，而只出钱的人往往是有限合伙人，因为参与公司经营少，自然不愿意承担更大的风险。而有限公司和股份公司只能以资产或现金等出资，劳动力不能作价出资。

（6）在首次公开募股（IPO）阶段，合伙企业披露信息的义务相比股份公司的更宽松。

（7）相对于个人直接持股而言，合伙企业持有不同的股权，处置时形成的亏损和盈利可以相互冲抵，比如合伙企业在同一自然年内卖出 A 公司的股权亏了 100 万元，但卖出 B 公司的股权获利 100 万元，那么盈利和亏损可以相互冲抵，无须纳税，自然人则需要按 100 万元的所得额纳税，不能互抵。

👑 案例：某大型房地产企业的员工合伙持股模型

某大型房地产企业的员工合伙持股模型如图 2-1 所示。

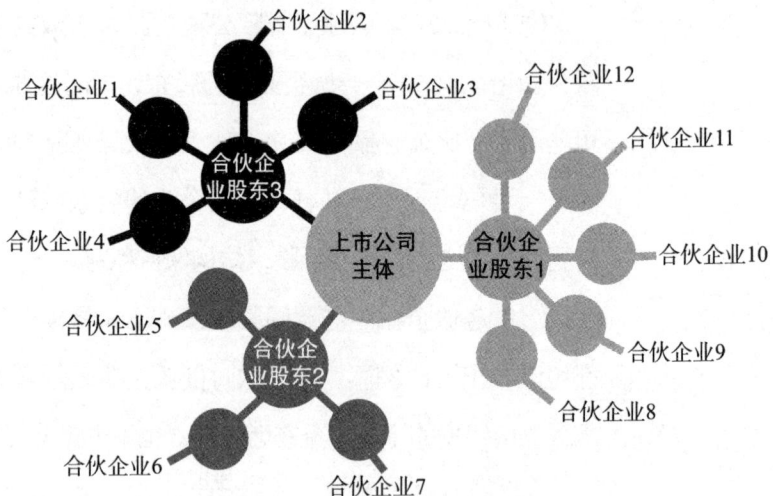

图 2-1　某大型房地产企业的员工合伙持股模型

该房地产企业用两层合伙企业持有上市公司主体的股权，合伙企业 1～12 分别持有合伙企业股东 1～3 的股权，合伙企业股东 1～3 又持有上市公司主体的股权。之所以要设置双重合伙企业股权架构，是因为通过设置多层合伙企业作为股东，实际持股员工的人数能够突破 500 人的上限，同时由于这些员工都是有限合伙人，不能对上市公司产生控制，不会稀释创始人的控制权。

2.2 股东利润的获取途径

案例对比：拿走利润的 N 种方式

悟空蛋糕公司经营情况良好，获得利润 1 000 万元，小明和小红召开了股东会，商讨如何分配这部分利润。

公转私：实质是虚开发票

前段时间，一位客户问我，有没有推荐的"公转私"渠道，我告诉他没有，"公转私"属于虚开发票。他半信半疑，自己认为有人这么做，也没有出问题，于是就通过渠道方开具了成本费用发票。过了一段时间，给他开票的渠道方被税务机关查处，法定代表人被刑事拘留，他胆战心惊地来问我，他会不会有风险。正如前面讲过的，他的行为属于虚开发票中的让他人为自己虚开，因此，他实际已经触犯了税法和刑法。他天天晚上都睡不着觉，后来果然被一并查处。

随着税收监督力度越来越严，多起震慑税收违法事件的曝光，小明和小红放弃了该选择。

股东借款：视同分配

第二种方式是股东无息借款，要注意的是，一旦股东借款时间超过一年未归还，就会被视作分配股息，对股东收到的股息红利要征收 20% 的个人所得税。

发放工资：多少合适

如果股东本身就在企业任职，负责具体工作，那么是可以在公司领取工资的。工资属于综合所得，适用 3% ~ 45% 的累进税率，当工资的边际税率[1]低于股息红利的边际税率时，以发放工资的形式显然更有利。

需要注意的是，股息红利的边际税率并不是其固定税率 20%，原因是股息红利属于税后分配利润，当公司多盈利 100 元时，首先按照 25% 的税率缴纳企业所得税 25 元，然后将利润分

---

[1] 此时应比较边际税率而不是平均税率，因为边际税率是增加1元收入时适用的税率，当工资的边际税率大于股息红利的边际税率时，增加1元工资收入就是不划算的。

配给股东，此时只剩 75 元的利润可供分配[①]，最后股东并非按照 100 元乘以 20% 纳税，而是按照 75 元乘以 20% 纳税，因此其边际税率 =75×20%÷100=15%。

根据表 1-1 个人所得税综合所得税率表可知，工资的边际税率只有 10% 和 20%，不存在 15% 的边际税率[②]，要使得工资的边际税率（10%）低于股息红利的边际税率（15%），工资的边际税率就不能达到 20%，所以当股东领取的全年工资总额（不含年终奖部分）低于或等于 14.4 万元 +6 万元基本减除费用 + 该股东可以扣除的三险一金合计[③]+ 该股东可以扣除的全年专项附加扣除的金额（以下简称"四项扣除"）的合计，就比发放股息红利更为有利。

假设小明全年可以扣除的三险一金的金额为 1 万元，父亲为 60 岁以上的老人，没有其他专项附加扣除，那么全年的专项附加扣除金额就是赡养父母 24 000 元，即 2 000 元 / 月 ×12 月。

根据计算，当小明的全年工资总额（不含年终奖）在 23.8 万元[④] 以内时，比领取股息红利更有利。

---

① 如果不是分配股息红利，而是发放工资，则 100 元可全部用于发放工资，工资的应纳税所得额就是 100 元，不影响工资的边际税率。

② 当工资应纳税所得额处于 36 000 元至 144 000 元时，每增加 1 元的工资收入，增加 10% 的税负；当工资应纳税所得额处于 144 000 元至 300 000 元时，每增加 1 元的工资收入，增加 20% 的税负。

③ 个人可以在税前扣除的三险一金，是个人缴纳部分的养老保险、医疗保险、失业保险和住房公积金，不包括单位缴纳的部分，因此，本章的计算，其实没有考虑单位负担的五险一金的成本，但是由于各地五险一金的政策差异较大，为了简化计算和理解，只能暂不考虑社保成本。实践中需要具体情况具体分析。

④ 14.4+6+1+2.4=23.8（万元）

以上计算还没有考虑企业所得税，假如考虑企业所得税税前扣除，那么工资、薪金的实际边际税负就应等于其适用的边际税率减去企业所得税的固定税率（假设不是小微企业，企业所得税税率为 25%）。只有当工资薪金的应纳税所得额超过 960 000 元时，边际税率 =45%-25%=20%，高于股息红利的边际税率，否则都低于 15%（当工资薪金的应纳税所得额低于 96 万时，35%-25%=10%）。所以当股东发放工资薪金的金额小于或等于 96 万元 + 四项扣除金额的合计数时，税负就低于股息红利（考虑企业所得税税前扣除效应后，实际税负低于或等于 10%）。

但在实践中，我们通常不会如此选择，原因如下：企业有可能是小微企业，按照《企业所得税法》的规定，可以享受实际税负 2.5% ~ 5% 的税收优惠政策。

假如悟空蛋糕公司是一家小微企业，年应纳税所得额不超过 300 万元（应纳税所得额不一定等于税前利润，因为会存在税会差异，需要进行纳税调整后考虑），那么企业所得税的边际税负为 2.5% 或 5%，由于工资薪金的边际税率不是连续的，比 20% 略高的税率为 25%，因此，我们分情况讨论。

如果工资薪金的应纳税所得额（扣除基本减除费用、三险一金、专项附加扣除等后，下同）为 14.4 万元，考虑企业所得税抵扣效应后的工资薪金的边际税负为 17.5% 或 15%，仍然不影响我们前边的结论，只是边际税负进一步降低。

如果悟空蛋糕公司的应纳税所得额在 100 万元以下，那么企业所得税边际税负为 2.5%，当工资薪金的应纳税所得额高于

14.4 万（不含）元时，考虑企业所得税抵扣效应后的工资薪金边际税负则为 17.5%，此时采用股息红利 15% 的税率更划算。

如果悟空蛋糕公司的应纳税所得额为 100 万～ 300 万元，那么企业所得税边际税负为 5%，当工资薪金的应纳税所得额高于 14.4 万元时，考虑企业所得税抵扣效应后的工资薪金边际税负则为 15%，而股息红利的税率也是 15%，此时选择股息红利或工资薪金，税负是完全相同的。

为了便于理解和记忆，我们总结如下。

（1）如果企业享受企业所得税小微企业的优惠政策，那么可以发放 14.4 万元 +6 万元基本减除费用 + 该股东可以扣除的三险一金合计 + 该股东可以扣除的全年专项附加扣除的金额及其他扣除项目以内的合计数作为股东的工资总额，比发放股息红利税负更低。

（2）如果企业不是小微企业，适用 25% 的税率，那么可以选择发放 96 万元 + 四项扣除金额的合计数为工资薪金。

（3）有些企业还会享受 15% 的优惠企业所得税税率（主要包含高新技术企业、西部大开发税收优惠政策），这时当工资薪金的边际税率是 30% 时（超过 420 000 元至 660 000 元的部分），考虑企业所得税抵扣效应后的边际税负正好为 30%-15%=15%，等于股息红利的边际税率。因此，如果企业所得税的税率为 15%，则全年工资总额可以在 66 万元加上基本减除费用、三险一金和专项附加扣除的范围内发放。

需要注意的是，股东的工资薪金数额需要符合公司的工资制度，且和股东的付出相匹配，不违反国家法律法规。如果股东本身没有在单位任职，或者股东付出的劳动、智力和股东取得的工资不匹配，只是为了降低税负进行的安排，就属于转换收入的性质（近年来被查处的明星、主播等都属于这一类），属于偷税漏税行为，而不是合理避税。情节严重的，会被追究刑事责任。

因此，希望企业主能够了解不同收入性质的实际税负，心中有杆秤，合法地做好企业和个人税收规划。

在实践中，我也见过一些企业主，明明就在企业任职，却不领取工资，只收取股息红利，这实际上是不合理的业务安排。

案例对比：股息红利 vs 股权回购，选哪个

小明根据公司的工资制度安排领取了 30 万元的工资薪金，他还要从悟空蛋糕公司分走 500 万元的利润，那么他应该选择股息红利，还是股权回购呢？

股息红利属于股息、利息、红利所得，无论金额大小，均按 20% 的税率纳税，分 1 分钱和分 1 亿元没有税负差别。

股权回购属于财产转让所得，按照财产转让收入减去财产取得成本，按 20% 的税率纳税，税负同样无差别。

因此，对股东而言，选择股息红利或股权回购的税负并无区别。股东可以结合公司未来发展情况，合理安排适用方式。

2.3　股东增资的路径选择

股东增资案例对比：新投入股还是转增资本

由于悟空蛋糕公司还要扩大规模，为了获得 5A 级蛋糕店资质，需要增加实收资本 1 000 万元。小明和小红在新增入股和转增资本之间犹豫不决。

如果小明和小红将分得的 1 000 万元利润再投入公司股本，那么获得利润 1 000 万元需要缴纳 200 万元的个人所得税（按固定税率 20% 缴纳），税后只剩 800 万元现金，还要再投入 200 万元。于是小明和小红想，不如不分配利润，直接将利润转增资本。

其实无论新投入股还是转增资本，税负是一样的，未分配利润转增资本，本身就视同分配后再入股。所以，他们其实不必纠结这个问题。

但是，如果悟空蛋糕公司只是需要 1 000 万元的资金扩大生产规模，不需要增加实收资本，那么可以不分配利润，留在公司继续使用，此时由于没有增加资本，所以无须缴税。

新股东增资案例对比：新增投资还是股权转让

悟空蛋糕公司发展到一定程度，引入了天使轮投资者，投资者计划投入 1 000 万元。小明和小红在新增投资和股权转让之间犹豫不决。

如果是股权转让，公司估值为 5 000 万元，那么 1 000 万元对应的股权比例为 20%，小明和小红可以各转让 10% 的股权，由于小明和小红最初投入的金额分别为 50 万元（对应各占 50% 的股权），因此 10% 的股权成本为 10 万元。股权转让收入 500 万元减去股权转让成本 5 万元等于 495 万元，小明和小红各自应交税额 =495×20%=99（万元），合计应纳税 198 万元。

如果是新增投资，根据公司估值，投资者投入 1 000 万元后，公司价值 =5 000+1 000=6 000（万元），因此投资者占股比应为 1 000÷6 000×100%=16.67%，小明和小红总共占股比 =100%−16.67%=83.33%，因此总的实收资本应等于原实收资本除以小明和小红合计占股比，即 100/0.833 3=120（万元）。所以，新的投资者向悟空蛋糕公司投入 1 000 万元现金，其中只有 20 万元[①] 是实收资本，其余的 980 万元[②] 都计入资本公积。此时，小明和小红不需要缴税。

从税负角度看，新增投资比转让股权更有利，但小明和小红因此无法拿回投资，实际上股权溢价部分没有实现，如果未来公司价值回落，那么此时获得各 450 万元的利润就相当于股

---

① 120−100=20（万元）

② 1 000−20=980（万元）

票投资的浮盈了。

因此，具体如何选择，还要结合股东的资金需求、公司的未来规划、股东对公司的信心等具体情况来确定。

2.4 股权激励如何合理纳税

《中华人民共和国个人所得税法》规定，员工因任职、受雇原因取得的非上市公司股权激励所得，属于"工资、薪金所得"项目，待员工转让非上市公司股权（票）时，再按照"财产转让所得"项目计征个人所得税。

小白加入悟空蛋糕公司时，老板小明承诺给他一定数量的股权激励，小白应如何纳税呢？

非上市公司股权激励

由于非上市公司的股权变现难，2016 年，财政部、国家税务总局联合发布了《关于完善股权激励和技术入股有关所得税政策的通知》（财税〔2016〕101 号），规定如果非上市公司股票期权、股权期权、限制性股票和股权奖励符合相关条件，经向主管税务机关备案，可实行递延纳税政策，即员工在取得股权激励时可暂不纳税，递延至转让该股权时纳税；股权转让时，按照股权转让收入减除股权取得成本以及合理税费后的差额，适用"财产转让所得"项目，按照 20% 的税率计算缴纳个人所得税。股权转让时，股票（权）期权取得成本按行权价确定，限制性股票取得成本按实际出资额确定，股权奖励取得成本为零。

股权激励行权与股权奖励如何纳税

案例：悟空蛋糕公司如果是非上市公司，那么小白就不需要按 3%～45% 的累进税率纳税，而是按财产转让所得 20% 的固定税率纳税。在大部分情况下，股权激励的金额都很大，按累进税率计算的话，税率都超过 20%。因此，这本质上是一项税收优惠政策。

小明和小白约定，如果小白在 2019—2021 年能让蛋糕店取得 1 000 万元以上的收入，就授予小白可以在未来的某个期间以 1 元/股购入公司 50 万份股权的权利。小白成功完成了 1 000 万元的 KPI[1]，在 2022 年 1 月 1 日行使了权利，支付 50 万元现金，获得了悟空蛋糕公司 50 万份股权，此时小白无须纳税。2022 年 3 月，小白对外转让了这 50 万份股权，获得 150 万元现金，此时小白应按 100 万元[2]，以 20% 的税率计算缴纳个人所得税，即应交税额 20 万元[3]。

与小白不同，作为公司元老，小红获得了 50 万股的股权奖

---

① KPI为英文Key Performance Indicator的首字母缩写，意为关键绩效指标。

② 150-50=100（万元）

③ 100×20%=20（万元）

励，也就是说，小红不需要支付任何对价，一分钱都不花，就得到了悟空蛋糕公司 50 万份股权。同样，由于悟空蛋糕公司是非上市公司，所以小红此时不需要纳税（主要是因为她取得的股权难以变现，没有足额现金用来纳税）。等到小红卖出这 50 万份股权时，取得 150 万元现金，直接按 30 万元[①]纳税，没有成本可以扣除。

假如小白和小红行权后，卖出股权前，2022 年 3 月悟空蛋糕公司上市了，并且限制小白在上市后两年内转让其持有的股票。2024 年 3 月，小白的限制性股票解禁了，他对外转让了该股权，取得 150 万元现金。那么小白应交的个人所得税和刚才计算的一样，不管收入怎么变，他的成本始终是 50 万元。小红的个人所得税计算也和刚才一样，不管收入怎么变，她的成本始终是零。

非上市公司股权激励如何筹划

如果悟空蛋糕公司经营状况不好，当小白行使股权期权取得 50 万份股权时，每股市场价格只有 1.5 元，那么小白相当于支付 50 万元获得了市值 75 万元的股权，获利只有 25 万元。此时选择放弃享受税收优惠政策更划算，因为适用累进税率的平均税负更低。

根据表 1-1 可知，此时小白适用 20% 的税率和 16 920 元的速算扣除数。

---

① 　150 × 20%=30（万元）

小白应交税额 =250 000×20%-16 920=33 080（元）

当小白对外转让股份，获得 150 万元现金时，小白应按 75 万元[1]，以 20% 的税率计算缴纳个人所得税，即 15 万元[2]。

两项相加 =3.3+15=18.3（万元），低于适用税收优惠时的 20 万元。

由此可见，选择享受税收优惠政策不一定税负最低，有时候放弃享受税收优惠政策，反而更划算。

那么什么时候放弃享受税收优惠政策更划算呢？这就需要我们计算累进税率下的平均税负，当平均税负低于 20% 时，放弃享受税收优惠政策更划算[3]。

平均税负的计算如表 2-1 所示。

表 2-1　平均税负的计算

收入（元）	边际税率	税金（元）	税负
420 000	30%	73 080	17%
529 200	30%	105 840	20%
660 000	35%	145 080	22%
960 000	45%	250 080	26%

结论： 当行使股权期权取得收益时，如果收益（市场价 - 行权价）大于 52.92 万元，则享受税收优惠政策税负更低，反之税负更高。简单来说，当市场价减去行权价小于 52.92 万元时，放弃享受税收优惠政策更划算。

---

[1]　150-75=75（万元）

[2]　75×20%=15（万元）

[3]　边际税负，是指每增加一单位收入，增加的税负。平均税负，是指总的收入所承担的税负。

但我们并不能简单地根据税负来选择，因为还存在资金的时间价值，即今天的一元钱比明天的一元钱更值钱的因素。如果预期会持有较长时间才出售股权，或者当下确实无法筹集现金支付税款，那么即使收益低于 52.92 万元，也可以选择享受税收优惠政策。

上市公司股权激励

悟空蛋糕公司如果是上市公司，那么小白和小红就需要在取得股权时按 3% ~ 45% 的累进税率缴纳个人所得税，后续转让股权时按财产转让所得 20% 的固定税率缴纳个人所得税。

股票激励行权与股票奖励如何纳税

案例：小白还是在 2022 年 1 月 1 日行使了权利，支付 50 万元现金，获得了悟空蛋糕公司 50 万份流通股票，当天悟空蛋糕公司的收盘价是 3 元 / 股，小白以 50 万元买到价值 150 万元的股票，此时小白应按 100 万元[①]计算缴纳个人所得税，查找综合所得税率表，适用 45% 的税率和 181 920 元的速算扣除数。

小白应交税额 =1 000 000 × 45%−181 920

=268 080（元）

（比取得非上市公司股票应交的 20 万元多了 6.8 万元）

税负 =26.8 ÷ 100≈27%

由于是累进税率，45% 只是边际税负，不是平均税负。

---

① 150−50=100（万元）

小红一分钱都不花，就得到了悟空蛋糕公司 50 万份股票，此时小红需要纳税（由于股票易于变现，她可以通过卖出股票筹集现金纳税）。

小红应交税额 =1 500 000 × 45%–181 920

=493 080（元）

比取得非上市公司股票应交的 30 万元多了 19.3 万元，税负 = 49.3/150≈33%

由此可以看出，固定税率下，小白和小红的税负是相等的，都是 20%，而累进税率下，小红的税负比小白要高。收入越高，税负越高，这与共同富裕的基本思路相匹配。

等到小白和小红卖出这 50 万份股票时，由于个人转让上市公司股票取得的所得暂免征收个人所得税（限售股除外），无论卖出时价格高于 150 万元还是低于 150 万元，都不再纳税。

上市公司股权激励如何筹划

如果对公司有信心，选择在股价低时行权。原理非常容易理解，因为员工取得股权激励实际是获得了两部分收益，一部分是行权价低于市场价的工资、薪金所得，另一部分是卖出价高于行权时市场价的财产转让所得，总额其实是固定的：

（卖出价 – 行权时市场价）+（行权时市场价 – 行权价）= 卖出价 – 行权价

既然总额固定，而第一部分（卖出价 – 行权时市场价）免税，第二部分（行权时市场价 – 行权价）纳税，我们就应该尽可能让第一部分的金额更大，第二部分的金额更小。

如果行权当天的收盘价等于或低于行权价，那么行权时无须纳税，后续出售时，由于个人转让股票免税，也无须纳税。由此轻松实现零税负！当然，这么做的前提是对公司未来的股价有信心，不然就是给公司送钱了。

实践中，不一定能找到收盘价等于或低于行权价的时候（行权是有固定期限的，在这个期限内可能股价一直较高），那么只能选择相对低的时刻行权。

需要注意的是，千万不要选择由企业代持股票，原因是若企业代持股票，个人就不能享受税收优惠政策。

案例分析：非上市公司与上市公司通用的税务筹划方式

通用的税务筹划方式是有计划地分批次行权。

对非上市公司股权激励而言，前文计算过，当行使股权期权取得收益时，如果收益（市场价 – 行权价）小于 52.92 万元，放弃享受税收优惠政策可以获得更高收益。那么即使收益大于 52.92 万元，只要小白能在两年或更长的时间内分批次行权（要注意，一年内分批次行权，在税法上仍然记为一次），也可以使收益降到 52.92 万元以下，从而实现税务筹划，而且完全合法合规。

对上市公司股权激励而言，如果小白有两年甚至更长的行权期限，那么可以将可行权的 50 万份股分摊到每年，从而降低边际税率（平均税负也就降低了）。

案例：小白一次性在 2022 年 1 月 1 日行使了权利

应交税额 =1 000 000×45%-181 920=268 080（元）

税负 =26.8/100≈27%

如果小白分三次，分别在 2022 年 1 月、2023 年 1 月和 2024 年 1 月行使 20 万股、20 万股和 10 万股的期权，行权当日收盘价均为 3 元 / 股（为便于比较，假设股价保持一致）。

2022 年、2023 年小白应交税额 =（3-1）×200 000×25%-31 920=68 080（元）

2024 年小白应交税额 =（3-1）×100 000×20%-16 920=23 080（元）

三年合计纳税 =68 080×2+23 080=159 240（元），税负 =15.9/100≈16%，比一次性行权所交的 26.8 万元少了接近 11 万元。

这是因为累进税率，在金额拆分以后，税负变低了，如果能拆分得更均匀，税负还会更低。

2.5 股票购入的主体选择

案例对比：企业购入与个人购入

小美是一名 A 股股民，名下拥有一家公司。小美想要投资

A 上市公司，于是以名下的公司购入 A 上市公司的股票，等到卖出股票时，买卖差价 5 000 万元，小美公司没有纳税，被税务机关稽查，认定其需要补缴企业所得税税额 1 250 万元[①]。小美公司没有亏损可以弥补，面对高额的企业所得税，她犯了难，向笔者咨询。

如果小美个人直接购入股票，可以减免个人所得税和增值税，并有可能免除派息的税。当上市公司派息时，对个人实行差额征收政策，如果个人持有上市公司股票大于 1 年，派息免税；当个人卖出上市公司股票时，免征个人所得税或增值税。

但小美让名下的公司购入股票，虽然可以免征增值税，收到的股息红利如果符合居民企业之间投资性收益免税的条件（简单地理解为投资方和被投资方都是境内公司），就不需要缴纳企业所得税。但公司后续转让股票取得的买卖差价属于投资收益，需要缴纳企业所得税。

因此个人直接购入股票税负更低，企业购入需要对股票买卖差价缴纳企业所得税。小美在一开始主体的选择上就没有考虑到税收的影响，只能在卖出时付出高额的税收成本。

---

① 5 000 × 25%=1 250（万元）

2.6 特殊情形下的股权激励如何纳税

没有原值的限售股如何纳税

小明持有 A 上市公司的限售股，该公司系原国有企业改制而来。2019 年 2 月，小明将 2 000 股该公司股票通过证券交易所转让，转让价格为 200 万元。小明无法提供原值票据。小明应如何缴纳个人所得税？

该行为应按"财产转让所得"，由证券登记结算公司、证券公司及其分支机构代扣代缴个人所得税。

应纳个人所得税税额＝［限售股转让收入－（限售股原值＋合理税费）］×20%

转让股票时无法提供真实准确的原值凭证，按转让收入的 15% 核定扣除额及合理税费。

因此，应交税额 =2 000 000×（1-15%）×20%=340 000（元）

需要注意的是，该交易过程中发生的税费不能扣除，原因是合理税费已经包含在 15% 的核定扣除额中。但是，如果能够确定原值，则可以扣除交易过程中发生的税费。

此外，个人转让限售股无须缴纳增值税。

限制性股票股权激励如何纳税

A 公司为境内上市公司，在 2016 年 5 月 1 日该公司为激励高管业绩，授予 1 位高管本公司的限制性股票 1 000 股（无其他对价），规定两年后解禁，股票登记日为 2016 年 5 月 1 日，当日股票收盘价为 22 元 / 股。2018 年 5 月 1 日限制性股票一次性解禁，当日收盘价为 16 元 / 股，公司财务人员对高管（未离职）的个人所得税进行代扣代缴。2019 年 6 月，该高管将持有的解禁股票对外转让，转让价格为 24 元 / 股。本例中限制性股票如何纳税？

（1）限制性股票解禁时按工资、薪金所得缴纳个人所得税。

当日市价是指当日收盘价。

计算过程：

应纳税所得额 =（股票登记日股票市价 + 本批次解禁股票当日市价）÷ 2 × 本批次解禁股票份数 − 被激励对象实际支付的资金总额 ×（本批次解禁股票份数 ÷ 被激励对象获取的限制性股票总份数）=（22+16）÷ 2 × 1 000−0=19 000（元）

查找综合所得税率表，得到税率 3%，扣除数为零。

应交税额 = 股权激励收入 × 适用税率 − 速算扣除数

$$=19\ 000 × 3\%=570（元）$$

（2）转让时按财产转让所得的 20% 缴纳个人所得税。

限制性股票解禁后转让，不属于转让限售股，应适用个人在二级市场的征免规定，即境内股票和沪港通、深港通等免税。

限制性股票在禁售期进行了转增股本，如何纳税

A 公司为境内上市公司，在 2016 年 5 月 1 日该公司为激励高管业绩，授予 1 位高管本公司的限制性股票，规定两年后解禁。但在 2017 年 3 月，该公司在做出分红决议时，将未分配利润转增了股本，进行增发配股，转增后股票价格下跌（除权）。2018 年 5 月 1 日限制性股票解禁，公司财务人员对高管（未离职）的个人所得税进行代扣代缴时，对计算个人所得税的依据有下列疑问。

（1）根据计算限制性股票"工资、薪金所得"个人所得税的公式"应纳税所得额 =(股票登记日股票市价 + 本批次解禁股票当日市价)÷2× 本批次解禁股票份数 − 被激励对象实际支付的资金总额 ×(本批次解禁股票份数 ÷ 被激励对象获取的限制性股票总份数)"，股票登记日市价为除权前的市价，而解禁当日市价为除权后的市价，且解禁股票份数转增前为 100 万股，转增后为 110 万股，应如何计算应纳税所得额？

限制性股票禁售期（等待期）内转增股本，"股票登记日股票市价"应以转增后除权价，"被激励对象获取的限制性股票总份数"应以转增后的份数 110 万股计算。用未分配利润转增股本的，视同股东先取得分红，根据国税发〔1997〕198 号、国税发〔2010〕54 号第二条第二款、财税〔2015〕116 号第三条第二款，公司需代扣代缴"股息红利所得"个人所得税；然后股东用分红含税金额购买公司增发的股份，分红含税金额还需调增计算股权激励所得的原计税依据，即"被激励对象实际支付的

资金总额"。

在证券交易网上可以查到每一日的除权价，因此"股票登记日股票市价"可以查询得到。

（2）后续该高管卖出股票时，是否需要缴纳股权转让所得税？

根据所便函〔2010〕5 号规定，财税〔2009〕167 号文件中的限制性股票不包括股权激励的限制性股票，因此股权激励授予的限制性股票解禁后卖出暂免征收个人所得税，适用财税字〔1998〕61 号规定："为了配合企业改制，促进股票市场的稳健发展，经报国务院批准，从 1997 年 1 月 1 日起，对个人转让上市公司股票取得的所得继续暂免征收个人所得税。"

公司如何对股权激励成本进行税前扣除

A 公司可在解禁日所在期间进行税前成本的扣除，授予日及等待期则不能扣除。上市公司因限制性股票股权激励可以扣除的费用＝本批次解禁股票当日市价（收盘价）× 本批次解禁股票份数 − 被激励对象实际支付的资金总额 ×（本批次解禁股票份数 ÷ 被激励对象获取的限制性股票总份数）

对股权激励计划实行后，需待一定服务年限或者达到规定业绩条件（以下简称"等待期"）方可行权的，上市公司等待期内会计上计算确认的相关成本费用，不得在对应年度计算缴纳企业所得税时扣除。在股权激励计划可行权后，上市公司方可根据该股票实际行权时的公允价格与当年激励对象实际行权支付价格的差额及数量，计算并确定当年上市公司工资薪金支出，同时依照税法规定进行税前扣除。

资本公积转增股本是否纳税

A公司为境内上市公司，在2016年5月1日该公司为激励高管业绩，授予1位高管本公司的限制性股票，规定两年后解禁。但在2017年3月，该公司在做出分红决议时，将资本公积转增了股本，进行增发配股，转增后股票价格下跌（除权）。2018年5月1日限制性股票解禁，公司财务人员对高管（未离职）的个人所得税进行代扣代缴时，对计算个人所得税的依据有以下疑问。

（1）资本公积转增股本时是否扣缴个人所得税？

依据国税函〔1998〕289号第二条和国税发〔2010〕54号第二条第二款，个人取得股份有限公司（含上市公司）以股票溢价发行收入所形成的资本公积转增股本，不征收个人所得税；以非股票溢价发行收入形成的资本公积转增股本，应按"利息、股息、红利所得"项目按20%扣缴个人所得税。

（2）解禁时如何计算个人所得税？

"股票登记日股票市价"应为转增后除权价，"被激励对象获取的限制性股票总份数"应以转增后的份数110万股计算。

如果采用股本溢价转增股本，根据国税发〔1997〕198号第一条，不缴纳股息红利个人所得税，也无须调整"被激励对象实际支付的资金总额"。

如果是以非股票溢价发行收入形成的资本公积转增股本，则与未分配利润转增股本相同。

（3）企业投资者转增股本是否需要缴纳企业所得税？

如果是企业投资者将盈余公积或未分配利润转增股本，且投资方与被投资方都是满足条件的居民企业，由于居民企业之间股息红利免税，通常无须缴纳企业所得税。

如果是企业投资者将股权溢价形成的资本公积转增股本，根据国税函〔2010〕79 号第四条第二款"被投资企业将股权（票）溢价所形成的资本公积转为股本的，不作为投资方企业的股息、红利收入，投资方企业也不得增加该项长期投资的计税基础"，无须缴纳企业所得税，后续处置股权时也不得扣除转增部分（但原计税基础中包含的资本公积除外，即投资方的长期投资成本保持不变）。

第 3 章
企业全生命周期的税务筹划与风险管控

3.1 创立初期：亏损企业的注意事项

未按期申报的严重后果

阿牛创办了一家公司，经营自媒体，适用查账征收方式纳税，一开始主要是花钱投流量和招聘拍摄、编导、后期人员，支出大于收入。与许多企业主一样，阿牛认为，公司都是亏的，自然就不需要纳税。真的是这样吗？

案例：不申报产生上万元罚款

前段时间，一位校友向笔者求助，说他在 2010 年左右创办了一家企业，业务一直没有起色，遂放弃，2022 年他想再成立一家公司，发现自己的名字出现在税务系统的黑名单里，原因是之前那家公司没有注销。市场监督管理局告诉他，原来的公司现在已经是非正常户，不能使用。只有注销了原公司，他的名字才能从黑名单中解除，否则他永远都不能再成立公司。于是他开始了公司注销程序，先到税务局去注销，只有税务注销后，营业执照才能注销。等他到了税务局，却傻了眼。税务局告诉他，由于这家公司这么多年未申报，已经违反了《中华人民共和国税收征收管理法》（以下简称《税收征收管理法》）的相关规定，需要补申报以前年度税款（零申报也要申报），并且缴纳罚款，罚款金额 1 万元。

一家从未盈利过的公司，因为没有按期申报，被罚款上万元，这合理吗？根据《税收征收管理法》第六十二条的规定："纳税人未按照规定的期限办理纳税申报和报送纳税资料的，或者扣缴义务人未按照规定的期限向税务机关报送代扣代缴、代收代缴税款报告表和有关资料的，由税务机关责令限期改正，可以处二千元以下的罚款；情节严重的，可以处二千元以上一万元以下的罚款。"

可以看出，上述案例中，该公司被处罚 1 万元，已经是顶格处罚，这是否合理？以四川和重庆两地为例，什么情况是一般情节，什么情况是严重情节呢？根据川渝两地税务局联合发布的《川渝地区税务行政处罚裁量基准》，违法情节严重是指，被认定为非正常户 2 年以上且不是首次违法（违法次数 2 次以上），对个人每次处以罚金 50 元，公式为 $50 \times N$，按公式计算后不满 2 000 元的，按 2 000 元处罚，最高罚款 1 万元；对单位每次处以罚金 100 元，公式为 $100 \times N$，最高罚款 1 万元。

什么是违法次数？少申报一次就是违法一次，那么对按月申报的纳税人来说，一年不申报就是 12 次违法，这家企业已经连续 10 年左右未申报，显然已经违法上百次，已经构成被认定为非正常户 2 年以上且不是首次违法的标准，属于情节严重，适用公式"对单位每次处以罚金 100 元，公式为 $100 \times N$"，经计算已超过上限 1 万元，顶格处罚 1 万元。

从以上案例我们可以看出，企业亏损，不代表不需要纳税申报，事实上绝大多数企业每个月都需要纳税申报（也有按季纳税申报的），而不申报带来的后果是缴纳罚款、列入黑名单、不能再办企业等。

最后，这位校友只能缴纳高额罚款，并且补充申报以前年度的税款（零申报，也就是不用纳税）。

亏损不等于无须纳税

另外需要注意的是，亏损并不一定意味着零申报无须纳税。

👑 案例：初创公司亏损期的纳税详解

阿牛公司一旦成立，在出资时就需要缴纳资金账簿印花税，按照账载注册资本和资本公积的合计数乘以0.025%缴纳[①]；如果阿牛公司成立后，购买了办公室自用或者无租金使用阿牛个人名下的房产，则需要缴纳房产税和土地使用税（各地税率税额不一致）；如果阿牛公司只是租赁办公室，那么需要缴纳财产租赁印花税，按照租金乘以0.1%缴纳；如果阿牛公司资金不足，向阿牛或外部机构／个人借款，则需要缴纳借款合同印花税，按照借款本金乘以0.05%缴纳。

此外，阿牛公司虽然是亏损的，但是发生的成本没有取得发票，不能税前扣除；或者虽然取得发票，但不是增值税专用

---

① 自2022年7月1日起，随着新印花税法生效，无须再缴纳其他账簿如总账、明细账、现金日记账、银行存款日记账等的印花税，也无须再缴纳领受权利许可证照如营业执照等的印花税。

发票，而是普通发票；或者虽然取得发票，但是成本费用与公司生产经营无关（例如发生的开支是阿牛作为企业主的 MBA 学费、与公司业务无关的餐费等）；或者成本费用超过企业所得税可以扣除的限额，比如发生了公益性捐赠但当年会计利润亏损，广告宣传费（流量投放费用）超过销售收入的 15%，自媒体卖货佣金超过 5% 的比例等情况，那么都有可能需要缴纳企业所得税或增值税。

把亏损作为一项现金资源

案例：没有申报亏损的后果

一位客户的企业今年产生了上千万元的利润，企业所得税就要交好几百万元，他十分焦急地找到我，希望我能为他出谋划策。我问他，你的企业以前年度有亏损吗？他说有，而且有好几千万元，那是不是不用交税了？我看了他的纳税申报表后发现，他说的企业亏损，根本没有足额申报。我问他为什么这么做，他说，因为是零申报，所以直接填零了。

这是很多企业主的误区，如果没有在税务系统申报亏损，就根本没有可能弥补亏损，这时候只能通过更正申报解决，而更正以前年度申报需要专业人士的帮助。

企业发生的亏损，一般可以在 5 年内结转弥补，也就是 2022 年形成的亏损，最晚要在 2027 年弥补，过期则无法弥补。

2028 年哪怕有了利润，也不能再弥补 2022 年的亏损。高新技术企业或科技型中小企业，最长结转年限是 10 年，即 2022 年形成的亏损，最晚能在 2032 年弥补。此外，受疫情影响较大的困难行业的企业，包括交通运输、餐饮、住宿、旅游（指旅行社及相关服务、游览景区管理两类）四大类企业，2020 年发生的亏损，最长结转年限由 5 年延长至 8 年，但是该特殊政策只针对 2020 年当年形成的亏损。也就是说，2022 年的亏损还是按照 5 年或 10 年的期限结转弥补。

亏损是企业非常重要的"现金"资源，等到需要缴税时，就会发现利用以前年度亏损有多么重要了。

首先，企业要正确地申报企业税务亏损。税务亏损和会计亏损是不同的，需要经过纳税调整，有可能会计亏损而税务盈利，比如自媒体企业前期形成的广告宣传费只能按收入的 15% 扣除；或者会计盈利而税务亏损，比如企业取得的主要收入是股息红利等免税收入。

其次，很多企业都忽略了一个重要的亏损"资源"，那就是研发费用的加计扣除。如果企业亏损时不做加计扣除，认为反正不用缴税，到了盈利的时候，就会悔不当初。

亏损过期，盘活亏损有妙招

税务亏损也很容易过期，很多企业 5 年之内都难以实现足额盈利，以此弥补前期的亏损，这时，如何盘活亏损资源显得尤为重要。盘活亏损资源的方式，一般就是转移亏损，比如让亏损企业转让一项股权或资产，由于溢价转让，亏损得以弥补，但其实这项股权或资产的新的持有方，在未来处置这项股权或资产时，又会形成新的亏损。

🏅 案例：过期亏损利用需盘点资产

阿牛公司有 200 万元的亏损，今年即将到期，明年不能再弥补，但阿牛公司今年预计还将亏损。我们盘点后发现，阿牛公司持有一家非上市公司股权，原取得成本是 500 万元，可以考虑将股权溢价卖给关联企业，溢价 200 万元也在合理范围内，200 万元即将过期的亏损得以弥补。关联企业以 700 万元获得该股权，作为长期股权投资，未来再销售时股权的市场价值下跌到 500 万元，此时关联企业再卖出，就产生了一个新的 200 万元亏损，而这个 200 万元亏损，很明显从今年就要过期，延期到未来处置股权时才体现。在这种情况下，关联企业最好选择一家盈利企业，这样未来的亏损便于弥补，不会产生"击鼓传花"（亏损一直需要转移）的问题。

如果未来这个股权价值没有下跌，反而持续增值呢？假如未来该股权作价 1 000 万元，这时产生的股权转让利润是 1000-700=300（万元）。如果最开始阿牛公司没有把股权卖给关联公司，那么处置时应纳税所得额是 1000-500=500（万元），因为中间溢价转让了一次，所以后续处置时的税款减少了。同样地，它的原理实质上是亏损延期，相当于把当下就要过期的亏损，延期到未来处置时抵扣利润了。

　　如果阿牛公司持有的不是股权，而是房屋资产，就需要考虑一下，是否值得这样做，因为转移房屋资产，不仅涉及企业所得税，还涉及土地增值税、转移后产生的从租计征房产税、可能由简易计税方法变为一般计税方法等增加的税负，以及增值税等当下的现金流出。

3.2　取得收入：小规模纳税人和一般纳税人怎么选

选择盈利最大化而不是税负最低的方案

　　增值税的税务筹划模式之一，就是小规模纳税人和一般纳税人的相互转换，那么到底什么情况下小规模纳税人更有利，什么情况下一般纳税人更有利呢？

♕ 案例：直播带货的纳税人身份选择

　　阿牛的自媒体营销号经营了一段时间，终于有了 10 万名粉丝，阿牛走上了直播带货之路。阿牛通过低价渠道购入一种包装食品（适用 13% 的增值税税率），然后在直播中售卖，这种食品的市场价是 2.5 ~ 3 元 / 盒，阿牛发现，如果在直播中按照 2.5 元 / 盒卖出，销售额可以实现最大化，月销售额 20 万元（对应 8 万盒食品），年销售额约为 240 万元，属于小规模纳税人[1]。

阿牛向笔者咨询，要不要申请认定成一般纳税人？

由于这种食品比较普遍，所以阿牛可以选择不同的渠道进货，渠道的售卖价格不同，开具发票的方式也不同。考虑阿牛提出的这个问题，需要比较两个数据：取得增值税普通发票（以下简称"普票"）时购入食品的价格和取得增值税专用发票（以下简称"专票"）时购入食品的价格。

阿牛取得 13% 专票的情况下，购入食品的价格是 2.3 元 / 盒，而取得普票的情况下（无须考虑普票税率，无论免税还是税率为 1% 或 3%，都不影响比较），购入食品的价格是 2 元 / 盒。从长远考虑，假设未来价格保持稳定，小规模纳税人不享受增值税免征或减征优惠政策。具体计算分析如表 3-1 所示。

表 3-1　不同纳税人的利润情况

金额：元

纳税人 项目	一般纳税人		小规模纳税人	
	取得 13% 专票	取得普票	取得 13% 专票	取得普票
成本价税合计	2.30	2.00	2.30	2.00
进项税额	0.26	0.00	0.00	0.00
不含税成本	2.04	2.00	2.30	2.00

---

[1] 只有小规模纳税人才能在一般纳税人和小规模纳税人中选择，一旦年销售额超过500万元，就不能选择成为小规模纳税人，只能被认定为一般纳税人。

（续）

纳税人 项目	一般纳税人		小规模纳税人	
	取得 13% 专票	取得普票	取得 13% 专票	取得普票
收入价税合计	2.50	2.50	2.50	2.50
适用税率	13%	13%	3%	3%
不含税收入	2.21	2.21	2.43	2.43
利润（收入－成本）	0.17	0.21	0.13	0.43

　　比较一般纳税人取得 13% 专票、一般纳税人取得普票、小规模纳税人取得 13% 专票、小规模纳税人取得普票的四种情况，用含税的收入、成本分别计算出不含税收入、成本和进销项税额，得到利润[1]，我们会发现一般纳税人取得 13% 专票（利润 0.18 元，比一般纳税人取得普票还要低）、一般纳税人取得普票（利润 0.21 元，也就是每卖出一盒食品，利润只有 0.2 元）和小规模纳税人取得专票（利润 0.13 元）都不是最佳选择，小规模纳税人取得普票的利润是 0.43 元 / 盒，高于其他三种情形，因此，阿牛应该选择继续作为小规模纳税人，购入 2 元 / 盒的食品。

　　在任何情况下，做纳税方案的选择时，都不是只考虑税，税负最低不是我们的目标，企业利润最大化才是我们的目标。所以，做任何测算，都应该以利润为准绳，哪怕只是一个增值税纳税人身份的选择问题。

---

[1] 不含税收入－成本，暂未考虑附加税及其他税，增值税是价外税，由最终消费者承担，所以不纳入计算。

利润和净现金流是一样的吗

可能有的读者不明白，为什么计算利润时不考虑增值税，前面不是说过，面向最终消费者的产品，增值税实际上也是企业自己负担吗？在这里，我需要给大家理顺一个概念，原则上利润和净现金流量是相等的，也就是会计上的净利润，其实就是你的盈利。具体分析如表 3-2 所示。

表 3-2　不同纳税人的净现金流和利润情况

金额：元

项目	一般纳税人		小规模纳税人	
	取得 13%专票	取得普票	取得 13%专票	取得普票
现金流支出	2.30	2.00	2.30	2.00
进项税额	0.26	0.00	0.00	0.00
现金流收入	2.50	2.50	2.50	2.50
适用税率	13%	13%	3%	3%
销项税额	0.29	0.29	0.07	0.07
应交增值税（销项税额－进项税额）	0.03	0.29	0.07	0.07
净现金流（现金流收入－现金流支出－增值税）	0.17	0.21	0.13	0.43
利润（不含税收入－不含税成本）	0.17	0.21	0.13	0.43

还是以阿牛公司为例，现金流支出就是含税成本（付给供应商的钱），现金流收入就是含税收入（收客户的钱），销项税额减去进项税额是应交增值税（付给国家的钱）。从表 3-2 中可以看出，企业的现金流就等于企业利润，所以，企业利润就是

企业实际挣到的钱。

利用公式推导一下：

净现金流 = 含税收入 − 含税成本 − 应交增值税

$\quad$= （不含税收入 + 销项税额）−（不含税成本 +

$\qquad$进项税额）−（销项税额 − 进项税额）

$\quad$= 不含税收入 + 销项税额 − 不含税成本 − 进项税

$\qquad$额 − 销项税额 + 进项税额

$\quad$= 不含税收入 − 不含税成本

$\quad$= 企业利润

即使销项税额小于进项税额，由于留抵税额可以退税，一般情况下仍然可以相互抵消（从付给国家的钱变成收国家的钱）。

我们之所以说增值税是价外税，是因为增值税的特性。这就导致我们在计算利润时要考虑其他税种，却不需要考虑增值税（除了增值税，税前利润无须考虑的还有企业所得税、代扣代缴的个人所得税、计入资产成本的契税等）。

所以，一般纳税人和小规模纳税人怎么选，一定要根据企业情况，计算企业的盈利状况，选择利润最大化的方案。

比较利润时考虑其他税种的影响

比较利润时，还应考虑其他税种的影响，主要是小规模纳税人可以享受而一般纳税人不能享受的那部分税收优惠政策。假如阿牛公司不是小微企业，那么它只有是小规模纳税人时，才能享受六税两费减半征收的税收优惠政策①。

🔖 案例：考虑六税两费优惠的测算

享受优惠前，阿牛公司每年应缴纳房产税 22 万元，土地使用税 16 万元，印花税 1 万元。将这些税种纳入计算后，我们要考虑整年的利润对比，用全年毛利（前述数据 × 8 000 × 12）来计算。具体分析情况如表 3-3 所示。

表 3-3　考虑六税两费优惠的测算

单位：元

项目	一般纳税人		小规模纳税人	
纳税人	取得 13% 专票	取得普票	取得 13% 专票	取得普票
成本价税合计	2 208 000	1 920 000	2 208 000	1 920 000
进项税额	254 017.70	0	0	0
不含税成本	1 953 982.30	1 920 000	2 208 000	1 920 000
收入价税合计	2 400 000	2 400 000	2 400 000	2 400 000
适用税率	13%	13%	3%	3%
不含税收入	2 123 893.81	2 123 893.81	2 330 097.09	2 330 097.09
毛利（收入－成本）	169 911.51	203 893.81	122 097.09	410 097.09
年应交增值税（销项税额－进项税额）	22 088.49	276 106.19	69 902.91	69 902.91

---

① "六税两费"是指资源税、城市维护建设税、房产税、城镇土地使用税、印花税（不含证券交易印花税）、耕地占用税和教育费附加、地方教育附加。

对增值税小规模纳税人、小型微利企业和个体工商户可以在50%的税额幅度内减征，即减半征收。

（续）

项目	一般纳税人		小规模纳税人	
纳税人	取得 13%专票	取得普票	取得 13%专票	取得普票
年应交附加税（增值税 ×12%）	2 650.62	33 132.74	8 388.35	8 388.35
房土二税	380 000.00	380 000.00	380 000.00	380 000.00
减半优惠	0	0	194 194.17	194 194.17
利润（毛利 - 附加 - 房土二税 + 减半优惠）	-212 739.11	-209 238.93	-72 097.09	215 902.91

在计算出年毛利后，计算年应交增值税[1]和附加税[2]，由于只有小规模纳税人可以享受附加税[3]和房土二税的减半优惠政策，所以一般纳税人减半优惠为零。考虑其他税种后，企业利润 = 毛利 - 附加税 - 房土二税 + 减半优惠。最后我们发现，还是小规模纳税人取得普票最划算，且只有小规模纳税人取得普票，公司才能盈利，否则公司会亏损。

什么情况下纳税人选择一般纳税人更好

即使我们把取得普票的成本从 2 元提高到 2.2 元，也会发现，仍然是小规模纳税人取得普票更优。具体分析如表 3-4 所示。

---

① 增值税不影响利润，但是对应的附加税影响利润。

② 假设公司位于市区，按12%计算。

③ 即城市维护建设税7%、教育费附加3%和地方教育附加2%三项。

表 3-4 成本提高后具体测算情况

金额：元

纳税人 项目	一般纳税人		小规模纳税人	
	取得13% 专票	取得普票	取得13% 专票	取得普票
成本价税合计	2.30	2.20	2.30	2.20
进项税额	0.26	0.00	0.00	0.00
不含税成本	2.04	2.20	2.30	2.20
收入价税合计	2.50	2.50	2.50	2.50
适用税率	13%	13%	3%	3%
不含税收入	2.21	2.21	2.43	2.43
单位利润（收入 – 成本）	0.17	0.01	0.13	0.23

从表 3-3 和表 3-4 看起来小规模纳税人的税负应该总是优于一般纳税人的，是这样吗？

🏅 案例：餐饮店可能适用一般纳税人更有利

如果阿牛公司不是直播售卖食品，而是开了一家餐饮小店，在店里销售食品，这时，公司提供的服务属于餐饮服务，适用 6% 的增值税税率，而购进食品属于销售货物税目，仍然适用 13% 的增值税税率。取得普票的成本是 2.2 元。计算如表 3-5 所示。

表 3-5　餐饮服务下的测算

金额：元

纳税人 项目	一般纳税人		小规模纳税人	
	取得 13% 专票	取得普票	取得 13% 专票	取得普票
成本价税合计	2.30	2.20	2.30	2.20
进项税额	0.26	0.00	0.00	0.00
不含税成本	2.04	2.20	2.30	2.20
收入价税合计	2.50	2.50	2.50	2.50
适用税率	6%	6%	3%	3%
不含税收入	2.36	2.36	2.43	2.43
单位利润（收入 - 成本）	0.32	0.16	0.13	0.23

这时，我们发现，一般纳税人取得 13% 专票成了利润最大化的选择，其原因在于，当购入的税率高于卖出的税率时，由于买卖税率差，取得专票和普票的成本差价变小，会导致企业的实际增值税税负低于 3%，自然就低于小规模纳税人的税负。这也印证了前面的阐述：增值税只是在计算时不纳入利润计算，但它实际上是通过影响不含税收入和成本影响利润的，含税收入和成本不变时，增值税税负降低，就会导致利润增加。

这种情况需要实际计算分析，并非所有购入税率高于卖出税率的情况下，都是一般纳税人更有利。通常，服务业的纳税人都属于这种情况，如餐饮、房地产等。

如果考虑六税两费优惠政策（按年计算），则还是小微企业更有利（见表 3-6），分析时同样需要一事一议，根据项目具体测算。

表 3-6　考虑六税两费下的测算

单位：元

项目＼纳税人	一般纳税人		小规模纳税人	
	取得13%专票	取得普票	取得13%专票	取得普票
成本价税合计	2 208 000	2 112 000	2 208 000	2 112 000
进项税额	254 017.70	0	0	0
不含税成本	1 953 982.30	2 112 000	2 208 000	2 112 000
收入价税合计	2 400 000	2 400 000	2 400 000	2 400 000
适用税率	6%	6%	3%	3%
不含税收入	2 264 150.94	2 264 150.94	2 330 097.09	2 330 097.09
毛利（收入－成本）	310 168.64	152 150.94	122 097.09	218 097.09
年应交增值税（销项税额－进项税额）	−118 168.64	135 849.06	69 902.91	69 902.91
年应交附加税（增值税×12%）	−14 180.24	16 301.89	8 388.35	8 388.35
房土二税	380 000.00	380 000.00	380 000.00	380 000.00
减半优惠	0	0	194 194.17	194 194.17
利润（毛利－附加－房土二税＋减半优惠）	−55 651.12	−244 150.94	−72 097.09	23 902.91

　　需要注意的是，有时考虑一般纳税人或小规模纳税人，不全是从税负层面考虑，还要考虑如融资方的要求、行业经营特性等因素。

　　一般计税和简易计税的比较原理也是一样，只是不考虑小规模纳税人的专属优惠（简易计税的一般纳税人不享受六税两费减半优惠政策），不再赘述。

成本可否不取得发票

最近阿牛向我诉苦称，取得普票的成本也涨价了，原来是 2 元 / 盒，现在不要发票才能以 2 元 / 盒的价格采购，要发票则需要 2.2 元 / 盒。成本可否不取得发票呢？

可以，但是正如前面所述，合法的税务筹划方式是改变经营模式。如果阿牛公司不采取进销货的方式，而是作为带货方帮助食品厂商销货，货品和价款都由厂商和消费者直接结算，那么阿牛公司提供的服务就从销售货物变成了经纪业务，取得的所得从进销货的差价变成了经纪业务的佣金（即多数主播取得的直播带货佣金）。这时，阿牛公司取得的是一个净收入，不需要进货发票来抵扣税款，可以不用取得发票。

如果不能改变经营模式，又不想取得发票，那么将面临两种情况：一是承担当下税负增加的成本；二是承担偷税漏税的代价。有些企业总是想在没有任何风险和成本又不改变经营模式的情况下降低税负，这种想法本身就是不切实际的。

3.3 扭亏为盈：如何享受小微企业的优惠政策

如果说增值税需要对比才知道，纳税人是选择一般纳税人还是小规模纳税人更好，那么分析企业所得税时基本不需要比较，只要没有税负以外的因素影响，都可以不假思索地选择小微企业。与增值税的小规模纳税人和一般纳税人不同，小微企业不需要去税务机关变更认定，它只根据以下几项条件来认定当年是否符合小微企业。

- 从事国家非限制和禁止行业。
- 从业人数不超过 300 人。
- 资产总额不超过 5 000 万元。
- 年应纳税所得额不超过 300 万元。

供应链拆分的商业合理性

企业一旦开始扭亏为盈，就应充分利用小微企业优惠政策，享受应纳税所得额 100 万元以内实际税负 2.5%，100 万～300 万元实际税负 5% 的优惠政策。企业的应纳税所得额超过 300 万元时，可以使用供应链拆分的方式拆分企业，拆分和转让定价都应具有商业合理性。

🏅 案例：自媒体公司拆分

如果阿牛公司其他条件均满足，但从业人数超标了，那么可以将其拆分为营销公司和商贸公司，商贸公司专门进行购销业务，购入并卖出食品，营销公司则专门进行广告和流量投放等，并拥有自媒体账号的所属权。商贸公司和营销公司之间的结算，应当满足商业合理性的要求，即对比非关联交易，关联交易需要满足的特性。

首先，供应商或大客户依赖要合理。如果商贸公司全部通过这家营销公司进行货物销售，则这家营销公司应当有优于市场上其他公司的条件，使得商贸公司选择它，拒绝其他公司。解释供应商或客户依赖的不能仅仅是关联关系，一定要有其他商业原因。比如，这家营销公司的结算周期比市场上其他可比公司要长，付款的时间更晚（很多关联的广告公司、材料供应商都可以使用这个条件），佣金比例比市场上其他可比公司低，或者销售的效果更好。

其次，转让定价要合理。在上例中，转让定价就是商贸公司向营销公司支付的带货佣金。佣金怎么定？我们都知道要按照市场价确定，但是我们去查看同类自媒体时，可能粉丝数相同、风格相同、类别相同的自媒体，收取的佣金定价也有所区别。

关联企业间转让定价的通用方法

有一种方法叫作四分位法，它已成为国际上对关联交易企业利润水平进行分析、评估及调整的一种通用方法。根据国家税务总局关于发布《特别纳税调查调整及相互协商程序管理办法》（国家税务总局公告 2017 年第 6 号）的公告：

第二十五条　税务机关分析评估被调查企业关联交易是否符合独立交易原则时，可以根据实际情况选择算术平均法、加权平均法或者四分位法等统计方法，逐年分别或者多年度平均计算可比企业利润或者价格的平均值或者四分位区间。税务机关应当按照可比利润水平或者可比价格对被调查企业各年度关联交易进行逐年测试调整。税务机关采用四分位法分析评估企业利润水平时，企业实际利润水平低于可比企业利润率区间中位值的，原则上应当按照不低于中位值进行调整。

四分位法在税法上也有官方文件背书。

什么是四分位法？四分位法是统计学的一种分析方法。以表 3-7 数据为例。

表 3-7　生活类粉丝 10 万以上自媒体报价收集（纯属虚构）

单位：元

样本	报价
样本 1	7 000
样本 2	6 000
样本 3	5 900
样本 4	5 400
样本 5	5 000
样本 6	4 000
样本 7	3 000

阿牛在市场上收集了 7 个生活类粉丝数超 10 万的自媒体的带货报价，按照金额从大到小排列，分为样本 1 ~ 7。把这 7 个数据想象为统计学中的 7 个小球，每 1/4 位置的球，就是一个四分位（位于 1/4 位置），如图 3-1 所示。

图 3-1　四分位法示意图

这三个四分位把这 7 个球分成四个部分，每个部分分别占比 1/4，如表 3-8 所示。

表 3-8　四分位法的上中下四分位数确定

样本	报价	分位
样本 1	7 000	上四分位
样本 2	6 000	
样本 3	5 900	中四分位（中位数）
样本 4	5 400	
样本 5	5 000	
样本 6	4 000	下四分位
样本 7	3 000	

从表 3-8 中，我们可以找到这几个数据里的上四分位数、中四分位数、下四分位数。一般而言，位于上四分位和下四分位之间的数据都属于合理范围。也就是说，营销公司可以选择的定价范围位于 4 000 ～ 6 000 元。如果阿牛希望营销公司的利润更高，比如商贸公司的应纳税所得额接近 300 万元，很可能超过小微企业的标准，利润需要向营销公司倾斜，就可以定价在 6 000 元。要注意，当选择 5 400 元作为转让定价标准时，其实际依据的并不是平均数，而是中位数。

🏅 **案例：四分位法的计算**

以这组数据为例。

平均数＝（7 000+6 000+5 900+5 400+5 000+4 000+3000）÷7

=5 185.71（元）

而中位数就是居中的那个数：5 400 元。[①]

通常，税务机关在使用四分位法时，是比较利润（主要是毛利）而不是价格，但对新经济领域而言，由于平时的广告和流量等费用很难分摊到单个业务上，毛利很难计算，比较价格也是合理的。

如果数据不是 7 个而是 8 个，那么数据分位如表 3-9 所示。

表 3-9　8 个数据时上中下四分位的确定

样本	报价	分位
样本 1	7 000	上四分位
样本 2	6 000	
样本 3	5 900	中四分位（中位数）
样本 4	5 400	
样本 5	5 000	
样本 6	4 000	
样本 7	3 000	下四分位
样本 8	2 800	

此时分位刚好在数据与数据之间，四分位法的范围在 4 000 ～ 5 900 元。

如果选取或收集的可比数据个数 n 比较多，数 n 也不是 4 的倍数，那么，计算四分位时，就用 $n \times 25\%$ 和 $n \times 75\%$ 来找到

---

① 当数组是偶数个，比如8个数时，中位数是居中两个数的平均数。

上四分位和下四分位的位置。如果 $n \times 25\%$ 和 $n \times 75\%$ 不是整数，那么大于并且最接近上述两个数值的整数所对应的数据，就可作为下限及上限。

在实践中，企业需要收集并保存这类资料，以配合税务机关的问询及检查，作为转让定价，尤其是关联企业之间转让定价的依据。

3.4 盈利增长：企业通用的税务筹划模式

增值税的通用税务筹划模式

我国目前有 18 个税种，其中主要影响企业税负的是企业所得税和增值税。虽然增值税在税制设计上由最终消费者承担，但实践中，当最终消费者是个人时，由于我国的价格展示机制中不会体现税款金额，所以往往增值税也影响企业税负。例如，当增值税税率降低时，消费者是否感觉到物价水平下降了呢？并没有。当门口的小超市或者线上的品牌自营店从小规模纳税人变为一般纳税人（由征收率 3% 变为税率 13%）时，消费者是否感觉到商品价格升高了呢？也没有。当我们去买牛奶时，我们只知道这箱牛奶标价 50 元，我们不会管其中的税率变化。如果完全同质的商品，一般纳税人比小规模纳税人卖得更贵，消费者就会都去小规模纳税人那里买，毕竟个人是无法抵扣进项税额的，所以我们只看含税价。因此，作为厂商，有时候也希望适用更低的增值税税率或征收率。

增值税的税务筹划模式主要的思路有两个：一是高税率与低税率/征收率的转变；二是混合销售与兼营的转变。高低税率的转变又分为两种情况：一种是业务的高低税率转换；另一种是企业的高低税率转换，即一般纳税人和小规模纳税人身份的相互转换。

👑 **案例：早餐摊等餐饮、外卖的三种税务筹划模式**

假如一个以查账征收方式纳税且月销售额超过 15 万元（或季度销售额超过 45 万元）的早餐摊，增值税的税务筹划应该怎么做？这个早餐摊购买餐品多半无法取得进项税额发票，同时，这个早餐摊的劳动力成本也没有进项税额。最终消费者不在意一张售价 5 元的饼中多少是税款，多少是饼钱。如果鸡蛋饼涨价到每张 6 元，就会被对面的面馆抢走 50% 的顾客。所以早餐摊要适用尽可能低的税率或征收率。具体有以下三种方式。

第一种方式是认定为小规模纳税人，适用 3% 的征收率。这就是企业的高低税率转换。疫情期间，小规模纳税人享受免税或 1% 的阶段性税率优惠政策。

第二种方式是将早餐摊 13% 的销售货物税率，转换为 6%

的提供餐饮服务税率。假如这个早餐摊一年营业额超过 500 万元[①]，不能被认定为小规模纳税人，只能是一般纳税人，那么它就只能做业务的高低税率转换，不能做企业的高低税率转换。

　　怎么做业务的高低税率转换呢？原来这个早餐摊销售的是已经制作好的鸡蛋饼，且摊位上没有座位，不能供消费者堂食，只能外带，那么适用 13% 的销售货物税率。店家只需要在早餐摊旁加个凳子，供消费者堂食，则适用餐饮服务 6% 的税率。[②]原因是，适用餐饮服务的税率，需要满足同时提供饮食和饮食场所，当早餐摊只能外带时，没有提供饮食场所，不属于提供餐饮服务，应属于销售货物服务，适用 13% 的增值税税率。当增加一个凳子供现场饮食后，饮食场所就有了，有些读者会产生疑惑：早餐摊的人流量这么大，一个凳子根本不够提供饮食场所呀？只要有饮食场所，就满足提供餐饮服务的要求，并没有明确饮食场所是否露天还是必须有屋面结构。同时，只要符合提供餐饮服务的定义，那么提供餐饮服务的纳税人再提供外卖服务，就都属于餐饮服务。

　　当一个外卖商家，没有实体店时，它提供的外卖服务就属于销售货物服务，按 13% 纳税；当它有实体店，同时提供外卖

[①]　早餐行业被称为万亿级市场，的确有可能超过500万元。

[②]　餐饮服务是指通过同时提供饮食和饮食场所的方式为消费者提供饮食消费服务的业务活动。（财税〔2016〕36号）

　　　提供餐饮服务的纳税人销售的外卖食品，按照"餐饮服务"缴纳增值税。（财税〔2016〕140号）

　　　纳税人现场制作食品并直接销售给消费者，按照"餐饮服务"缴纳增值税。（国家税务总局公告2019年第31号）

服务，就属于餐饮服务，按 6% 纳税，即使它的收入全部来自外卖，没有人进店饮食也按 6% 纳税。

还有一种业务税率转换方式，是把销售成品鸡蛋饼变更为现场自制鸡蛋饼后销售。这时，由于满足国家税务总局公告2019 年第 31 号规定的现场制作食品并直接销售给消费者的条件，也适用餐饮服务 6% 的税率。

一个星巴克的售卖窗口，即使没有饮食场所，由于咖啡是现场制作并被直接销售给消费者的，也适用餐饮服务的税率。所以星巴克、喜茶、奈雪的茶都不用摆桌子、凳子，只要是现场制作就可以了。

第三种方式是混合销售和兼营的转换。混合销售就是在一项业务中，混杂着两种不同税率的服务，按照主营业务确定税率。兼营就是在可以分开的两项业务中，分别是两种不同税率的服务，分别适用不同的税率。对早餐摊来说，提供餐饮服务是主业，同时为了满足顾客早餐的需求，还销售牛奶。假如这个早餐摊没有饮食场所，那么现场制作鸡蛋饼是提供餐饮服务，但销售牛奶是销售货物服务，应当按照兼营的规定，卖鸡蛋饼适用 6% 的增值税税率，卖牛奶适用 13% 的增值税税率。由于消费者不会承担多出的增值税，所以早餐摊又犯难了，怎么办？店家可以把鸡蛋饼和牛奶打包成一个早餐套餐，这时是一项业务，混杂着两种不同税率的服务，主营业务是提供餐饮服务，就按照 6% 的税率纳税。这就是将兼营转变为混合销售。

同样，星巴克也可以做此类筹划。星巴克既卖咖啡又卖杯子，属于兼营，咖啡适用 6% 的增值税税率，杯子适用 13% 的增值税税率。但如果星巴克把咖啡和杯子一起卖，就属于混合销售，适用 6% 的增值税税率。

不管这个早餐摊是个体户还是企业，都适用以上三种增值税的筹划模式。

但是，需要注意的是，并不是所有情况下，都是税率越低越好，小规模纳税人比一般纳税人好，混合销售比兼营好，筹划思路是相互转换的，而不是单向转换的。在不同的业务场景中，转换的方向可能会不一样。

在什么情况下，税率越高越好呢？就成本端而言，如果成本也是以含税价作为市场价，企业是一般纳税人企业，能够取得进项税额，那么进货发票税率越高越好，同样花 100 元进货，其中的进项税额越高，实际成本就越低，即使销项税额不足抵减，还可以申请进项税额留抵退税。

在什么情况下，选择一般纳税人会比选择小规模纳税人更好呢？当企业能够取得进项税额发票时，哪怕进项税额比例很小，也要考虑不能抵扣的进项税额带来的影响，因为不能抵扣的进项税额同样是现金流失，这时增值税的实际税负是由企业实际负担的 3% 加上不能抵扣的进项税额，计算后，你可能会发现，小规模纳税人的税负反而比一般纳税人的税负还要高。

在什么情况下，兼营会比混合销售好呢？当混合销售适用两个税率中较高税率时，兼营更有利。例如大部分空调品牌，往往是销售附带安装（不单独收取安装费的情况下[①]），这时属于混合销售，适用销售货物的税率 13%。如何把销售变为兼营呢？单独收取安装费，那么销售和安装就是两项可以独立计价且分离的业务，适用兼营的规定，销售空调按 13% 纳税，安装空调按 9%（建筑安装服务）纳税。

从以上例子可以看出，增值税的筹划模式，就是高税率与低税率的转变，小规模纳税人与一般纳税人的转变，以及混合销售与兼营的转变。这三种思路，无论在哪个行业，都适用。

企业所得税的通用税务筹划模式

应缴纳的企业所得税=应纳税所得额×税率=（收入总额 − 不征税收入 − 免税收入 − 成本 − 费用 − 税金 − 损失 − 以前年度亏损）× 税率

企业所得税的筹划模式分为两种思路：一是增加扣除项目[②]；二是降低税率。本书主要介绍利用好纳税扣除限额和拉长供应链两种模式。

怎么利用好纳税扣除限额？在企业所得税的扣除项目（成本费用）中，许多项目都是有扣除限额的，比如佣金按合同确认收入金额的 5% 限额扣除（超额不能结转，以后年度扣除）；公益性捐赠按会计利润总额的 12% 扣除（超额可以结转，以后

---

① 很多消费者感觉安装费是单独收取的，实际上单独收取的往往只是安装所需的材料费，安装空调是销售附赠的。

② 因为很难通过合法的税务筹划模式降低收入，需要注意的是，账外收款等方式是典型的偷税漏税行为。

3 年扣除）；业务招待费按双重限额孰低扣除，分别是业务招待费发生额的 60%[①] 和销售收入的 0.5%（超额不能结转，以后年度扣除）；广告宣传费按销售收入的 15% 限额扣除（超额可以结转，以后年度扣除，没有期限限制）。具体各项目扣除标准如表 3-10 所示。

表 3-10 各项目扣除标准

项目	扣除标准	超标准处理
职工福利费	不超过工资、薪金总额 14% 的部分准予扣除	不得扣除
工会经费	不超过工资、薪金总额 2% 的部分准予扣除	不得扣除
职工教育经费	不超过工资、薪金总额 8% 的部分准予扣除	超过部分准予结转以后纳税年度扣除
补充养老、医疗保险	分别不超过工资、薪金总额的 5%	不得扣除
利息费用	不超过金融企业同期同类贷款利率计算的利息、关联企业利息费用符合条件可以扣除	不得扣除
业务招待费	按照发生额的 60% 扣除，但最高不得超过当年销售（营业）收入的 5%	不得扣除
广告费和业务宣传费	不超过当年销售（营业）收入 15% 以内的部分化妆品制造或销售、医药制造和饮料制造行业扣除比例为不超过当年销售（营业）收入 30% 以内的部分 烟草：不得扣除	当年不得扣除；但准予结转以后纳税年度扣除

---

① 业务招待费无论如何都不可能全额扣除，最多扣除 60%。其原因在于，业务招待费以餐饮费用为主，国家税务总局认为餐饮费用难以区分企业或个人消费，完全不允许扣除也不尽合理，因此最多只能扣除 60%。

（续）

项目	扣除标准	超标准处理
手续费和佣金	• 一般企业：不超过收入金额的 5% • 财产保险企业：不超过保费收入净额的 15% • 人身保险企业：不超过保费收入净额的 10%	不得扣除
公益性捐赠支出	不超过年度利润总额 12% 的部分准予当年扣除（目标脱贫地区的扶贫捐赠支出，据实扣除）	3 年内结转

有扣除限额的项目，需要做好扣除限额规划。比如年初就要制定各项成本限额预算，按季跟进，及时调整。对于业务招待费这种无论如何也不能全额扣除的项目，要尽可能转换成其他成本费用。

案例：业务招待费转换为广告宣传费

一家企业的业务招待费特别高，每年都会产生很大不能扣除的税收损失，我给他的筹划方案是，将客户来访时喝的瓶装水换成公司的直饮水，用印有公司和产品标志宣传的纸杯盛水招待，将业务招待费转换为广告宣传费，从而实现全额扣除。另外，现在有一些广告公司可以承接大型展览活动，在展览活动中，实际也会发生餐饮费用和住宿费用，但是统一在展览活动中列支，同样将宴请的业务招待费转换成展览的广告宣传费，又能起到宣传效果，一举多得。他采用这几种方式后，将限额较低，且最多只能扣除 60% 的业务招待费，转换成限额较高且可以递延以后年度扣除的广告宣传费，大幅减少了税收损失。

👑 案例：某空调品牌如何拉长供应链

以某空调品牌为例，它既从事研发项目，又生产空调，还对外销售，并附带安装，这四项业务全部发生在同一家法人主体，会导致什么问题？有扣除限额的项目，如果是以收入为限额计算基数，那么这家公司就只有销售空调的收入。如果把这家空调公司拆成四家法人主体，分别是研发公司、生产公司、销售公司和安装公司，其中只有销售公司面向最终消费者收费，其他三家公司都与销售公司内部结算，那么此时，业务仍然不变，但整体可以扣除的限额增加了。因为每家公司都能计算一次收入限额，这四家公司的收入变成：研发收入＋生产收入＋销售收入＋安装收入，销售收入与只有一家公司时相同，但增加了原来没有的研发收入、生产收入和安装收入，从而增加了业务招待费、广告宣传费、手续费和佣金的扣除限额（其他限额不变，包括以利润总额为基数的公益性捐赠扣除限额）。

此外，拉长供应链还能起到降低企业资产总额、从业人数和应纳税所得额的作用，从而可能将本不能享受小微企业税收优惠政策的情况，转换成可以享受小微企业税收优惠政策的情况。要注意，完全没有合理商业理由，只为避税而拆分的情况，属于违规行为，有可能被反避税调整，因此，我建议拉长供应链，而不建议将相同的业务拆分。

此外，所有税种都有一个通用的税务筹划模式，那就是享受税收优惠政策。很多人对此嗤之以鼻，但是税收优惠数以万计，很多财务人员从来都没有搞清楚过，导致很多企业一边承担着偷税漏税的高风险，一边没有享受税收优惠政策的规划，导致多纳税，或者是错误地享受了税收优惠政策，反而带来了更大的风险。

例如研发费用加计扣除，有很多企业根本不知道自己还有研发费用，因为它们认为只有高新技术企业和科技型企业才有研发费用，这种想法是错误的。

🏅 案例：房地产企业如何加计扣除研发费用

很多房地产企业都会研发产品线，当研发一条新的产品线[①]时，就会产生新产品研发费用，但房地产行业被列为禁止研发费用加计扣除的行业之一。那么房地产企业就不能加计扣除研发费用了吗？其实合理规划完全可以做到研发费用的扣除。房地产企业只需要将产品部门单独成立为设计研究院，就相当于前面提到的某空调企业单独成立研发公司一样，由于设计研究院不是房地产企业，而是专门从事研发的企业，它就不是被禁止的行业，研发费用可以加计扣除。

---

① 房地产行业往往为了规模效应，会批量生产几种产品，这些产品在不同的城市复制落地。

3.5　官司缠身：司法判决中涉及的税务风险

♛ 案例：自媒体视频制作字体侵权案

阿牛公司被猪猪公司起诉，原因是猪猪公司认为阿牛公司在制作视频的过程中，使用了猪猪公司原创的某种字体（称为"猪猪字体"）用于盈利的商业行为，属于侵权。猪猪公司要求阿牛公司支付版权使用费。法院开庭审理后，判决阿牛公司败诉，它确实未经许可使用了猪猪字体，需要向猪猪公司支付版权使用费 100 万元。阿牛公司不服判决结果，又未上诉，于是被法院从银行账户划拨了 100 万元，强制执行给猪猪公司。阿牛公司含泪把这 100 万元计入公司成本，拟在所得税前扣除。

判决书和执行文书能不能代替发票

2022 年 6 月，税务局在检查阿牛公司账务时发现，这 100 万元的成本没有取得猪猪公司开具的发票，不能在税前扣除，要求阿牛公司进行纳税调整，补缴这 100 万元对应的税款。

阿牛公司不服，向笔者咨询。阿牛认为，他不仅有法院的判决书，而且这笔钱也不是自己自愿支付的，是法院强制执行的，就不需要对方开具发票，也能证实支出的真实性。

那么税务局和阿牛到底谁是对的呢？

根据国家税务总局公告 2018 年第 28 号《企业所得税税前扣除凭证管理办法》第九条，企业在境内发生的支出项目属于增值税应税项目（以下简称"应税项目"）的，对方为已办理税务登记的增值税纳税人，其支出以发票（包括按照规定由税务机关代开的发票）作为税前扣除凭证；对方为依法无须办理税务登记的单位或者从事小额零星经营业务的个人，其支出以税务机关代开的发票或者收款凭证及内部凭证作为税前扣除凭证，收款凭证应载明收款单位名称、个人姓名及身份证号、支出项目、收款金额等相关信息。

阿牛公司支付给猪猪公司的版权使用费，是企业在境内发生的支出项目，版权使用费属于增值税应税项目中的现代服务业（知识产权服务），适用税率 6%。猪猪公司也符合"对方为已办理税务登记的增值税纳税人"这一规定，因此，阿牛公司的版权使用费支出，应以发票（包括按照规定由税务机关代开的发票）作为税前扣除凭证。

法院判决书、执行文书都不能替代发票，阿牛公司凭判决书税前扣除，是不符合税法规定的。

没有发票如何补救

那么，阿牛公司只能自认倒霉吗？

第一种补救途径是追回发票。在追回发票的过程中，猪猪公司完全不予理睬，怎么办？阿牛可以向法院申请或者向猪猪公司所在地税务局投诉。通常，法院是不管发票开具的，所以税务局投诉更加可行。

在向税务局投诉时，如果税务局反馈，猪猪公司已经注销了，不能开具发票，怎么办？

根据国家税务总局公告 2018 年第 28 号第十四条：企业在补开、换开发票、其他外部凭证过程中，因对方注销、撤销、依法被吊销营业执照、被税务机关认定为非正常户等特殊原因无法补开、换开发票、其他外部凭证的，可凭以下资料证实支出真实性后，其支出允许税前扣除：

（一）无法补开、换开发票、其他外部凭证原因的证明资料（包括工商注销、机构撤销、列入非正常经营户、破产公告等证明资料）；

（二）相关业务活动的合同或者协议；

（三）采用非现金方式支付的付款凭证；

（四）货物运输的证明资料；

（五）货物入库、出库内部凭证；

（六）企业会计核算记录以及其他资料。

前款第一项至第三项为必备资料。

所以，第二种补救途径是，对方已注销或者被认定为非正常户，无法开具发票，凭对方工商局出具的注销／非正常户的证明资料、法院判决书（替代"相关业务活动的合同或者协议"）、法院执行文书和银行回单（采用非现金方式支付的付款凭证），也可以在税前扣除。

违约金、赔偿金凭判决书扣除

阿牛公司被猪猪公司起诉，不要求支付版权使用费，而是要求阿牛公司支付侵权赔偿。法院开庭审理后，判决阿牛公司败诉，它确实未经许可使用了猪猪字体，需要向猪猪公司支付侵权赔偿 100 万元。阿牛公司不服判决结果，又未上诉，于是被法院从银行账户划拨了 100 万元，强制执行给猪猪公司。阿牛公司含泪把这 100 万元计入公司成本，拟在所得税前扣除。

这种情况，是否需要发票？

要注意的是，赔偿金、违约金，如果不属于价外费用，就不需要开具发票，原因是，它们不属于增值税应税项目。根据国家税务总局公告 2018 年第 28 号第十条，企业在境内发生的支出项目不属于应税项目的，对方为单位的，以对方开具的发票以外的其他外部凭证作为税前扣除凭证；对方为个人的，以内部凭证作为税前扣除凭证。因此，虽然阿牛公司支付给猪猪公司的费用，仍然是企业在境内发生的支出项目，而猪猪公司也符合"对方为已办理税务登记的增值税纳税人"这一规定，但是阿牛公司的侵权赔偿费支出，应以其他外部凭证作为税前扣除凭证。

此时，法院判决书和执行文书可以作为税前扣除凭证。此外，即使没有执行文书，也不是强制执行，而是阿牛公司根据判决决定付给猪猪公司的，那么银行回单也能作为税前扣除凭证。

增值税只能凭票扣除

阿牛公司凭对方工商局出具的注销/非正常户的证明资料等文件，实现了企业所得税税前扣除，但是不能实现增值税进项税额的抵扣，损失了 5.66 万元[①]的进项税额，其利润因为没有进项税额抵扣，导致利润直接减少 5.66 万元（现金流同样，由于多支出了 5.66 万元的增值税税额，现金流减少了 5.66 万元）。

价外费用的例外情况

案例：肖像权未经许可给第三方使用

阿牛公司和羊羊个人签订了肖像权使用合同，将羊羊的肖像用于商业用途，按年支付给羊羊 100 万元。阿牛公司在使用肖像时，未经羊羊同意又将羊羊的肖像使用权许可给了第三方使用，违反合同约定，因此羊羊起诉阿牛公司，要求阿牛公司支付合同违约金 10 万元。法院判决支持羊羊的诉讼请求，阿牛公司应支付违约金 10 万元。

羊羊是否需要开具发票给阿牛公司？

---

① 100÷（1+6%）×6%=5.66（万元）

答案是需要。原因是，违约金不开发票的前提是，违约金不属于价外费用。价外费用是指，价外向购买方收取的手续费、补贴、基金、集资费、返还利润、奖励费、违约金（延期付款利息）、赔偿金、包装费、包装物租金、储备费、运输装卸费、代收款项、代垫款项及其他各种性质的价外收费。

其实判断是否属于价外费用，不看费用的名称，而主要看以下两点：第一，收取方和付款方之间是否存在增值税应税范围的业务往来；第二，付款的方向是否与该增值税应税业务一致。

本案例中，违约金收取方是羊羊，付款方是阿牛公司，他们之间存在增值税应税范围的业务往来（肖像权使用属于特许权使用），且原业务也是阿牛公司向羊羊付款，付款方向与违约金的付款方向一致，此时，违约金就属于该项特许权使用业务的价外费用。

所以，羊羊仍需开具发票给阿牛公司，因为这项业务中的羊羊不符合国家税务总局公告 2018 年第 28 号所规定的"从事小额零星经营业务的个人"，小额指的是小于个人的增值税起征点 500 元[①]，所以其支出不能直接以收款凭证及内部凭证作为税前扣除凭证，个人应在税务机关代开发票，阿牛公司取得发票才能税前扣除。

需要注意的是，由于交易对方是个人，阿牛公司在支付共

[①] 与小规模纳税人的增值税起征点不同，除个体户以外的自然人，增值税起征点为500元/次。

110 万元的肖像权使用费时，应代扣代缴羊羊的个人所得税。[①]

微商代理费用如何在税前列支

🏅**案例：微商渠道销售水果的个人佣金扣除**

　　阿牛公司通过微商渠道销售水果，每个月通过网络平台收取水果价款后转入公司对公户，对促成交易的微商代理个人进行返利。涉及个人上千人，返利从 5 元到 6 万元不等。该部分返利金额如何在公司税前列支？

　　支付给代理个人的返利实质上是销售佣金，根据财税〔2009〕29 号第一条第二项的规定[②]，在不超过所签订服务协议或合同确认的收入金额的 5% 限额内可税前扣除。

　　扣除凭证可以通过两种方式取得：一种是个人成立个体工商户，向公司开具发票税前扣除；另一种是以个人开具的收据

---

① 国税发〔1996〕148 号 第三条 在广告设计、制作、发布过程中提供名义、形象及劳务并取得所得的个人为个人所得税的纳税义务人；直接向上述个人支付所得的广告主、广告经营者、受托从事广告制作的单位和广告发布者为个人所得税的扣缴义务人。
　　第五条　纳税人在广告设计、制作、发布过程中提供名义、形象而取得的所得，应按劳务报酬所得项目计算纳税。

② 财税〔2009〕29 号　一、企业发生与生产经营有关的手续费及佣金支出，不超过以下规定计算限额以内的部分，准予扣除；超过部分，不得扣除。
　　1.保险企业：财产保险企业按当年全部保费收入扣除退保金等后余额的15%（含本数，下同）计算限额；人身保险企业按当年全部保费收入扣除退保金等后余额的10%计算限额。（此部分已废止）
　　2.其他企业：按与具有合法经营资格中介服务机构或个人（不含交易双方及其雇员、代理人和代表人等）所签订服务协议或合同确认的收入金额的5%计算限额。

税前列支，公司代扣代缴劳务报酬个人所得税。

建议长期从事代理且取得返利金额较大的代理个人成立个体工商户，可以享受小规模纳税人的增值税起征点，实现税负最低。

但非长期从事代理且取得返利金额较小的代理个人，进行工商登记和开票较为复杂，建议直接代扣代缴劳务报酬个人所得税，以收据及内部凭证列支。

需要注意的是，收款凭证（收据）应载明收款单位名称、个人姓名及身份证号、支出项目、收款金额等相关信息。

某些网络平台（如货拉拉）会自动生成电子收款凭证，然而身份证号和个人姓名显示不全（部分为 * 号替代），这种收款凭证存在无法税前列支的风险。

♔ 案例：司法偿债产生 1.5 亿元巨额税负

由于房地产市场不景气，加上 A 房地产公司经营不善等原因，甲借给 A 房地产公司的 5 亿元无法收回，遂向法院起诉。起诉后法院予以支持，判决 A 房地产公司应支付甲 5 亿元，偿还借款。判决后，A 公司未上诉，也未主动归还借款，于是进入强制执行程序。在强制执行阶段，法院发现，A 公司银行账户中已无任何资金可供归还借款，且 A 公司的债权人众多，甲只是其中之一，而且不是最大的债权人。为了保住司法判决的胜利果实，于是法院将 A 公司名下尚未出售的现房及商铺、车位等进行司法拍卖，但在司法拍卖过程中，因金额过大，且案涉房产市场需求不足等原因，未能拍卖成功（流拍）。于是法院调低起拍价，进行第二次司法拍卖，仍然流拍。如此往复，第三次司法拍卖流拍后，甲迫于无奈，接受了法院将 A 公司的资产抵偿债务，于是将该部分现房及商铺、车位，作价 4.5 亿元，抵债给甲，剩余 0.5 亿元，由于没有财产可以执行，暂无法处理。

甲取得抵债资产的裁决文书后，去房管局过户，房管局要求甲提供税务机关出具的完税或免税凭证，甲去税务机关开具时却被告知，由于 A 公司没有缴纳也无力缴纳这部分不动产过户涉及的土地增值税、企业所得税、增值税、印花税，需要甲代为缴纳，才能过户。由于 A 公司账务不规范，部分发票难以找到，土地成本又过于低廉，因此税金高达 1.5 亿元！

甲放款 5 亿元，最后收回作价 4.5 亿元的资产（由于多次流拍，实际是有价无市，难以变现），还需要缴纳高达 1.5 亿元的税金。面对这一困境，如何应对？

房管局要求"先税后证"是否合法

根据 2019 年颁布的《不动产登记暂行条例》第二十二条：登记申请有下列情形之一的，不动产登记机构应当不予登记，并书面告知申请人：

（一）违反法律、行政法规规定的；

（二）存在尚未解决的权属争议的；

（三）申请登记的不动产权利超过规定期限的；

（四）法律、行政法规规定不予登记的其他情形。

其中"法律、行政法规规定不予登记的其他情形"包括哪些？在税法中是否有规定呢？

根据《中华人民共和国个人所得税法》第十五条：公安、人民银行、金融监督管理等相关部门应当协助税务机关确认纳税人的身份、金融账户信息。教育、卫生、医疗保障、民政、人力资源社会保障、住房城乡建设、公安、人民银行、金融监督管理等相关部门应当向税务机关提供纳税人子女教育、继续教育、大病医疗、住房贷款利息、住房租金、赡养老人等专项附加扣除信息。

个人转让不动产的，税务机关应当根据不动产登记等相关信息核验应缴的个人所得税，登记机构办理转移登记时，应当查验与该不动产转让相关的个人所得税的完税凭证。个人转让股权办理变更登记的，市场主体登记机关应当查验与该股权交易相关的个人所得税的完税凭证。

有关部门依法将纳税人、扣缴义务人遵守本法的情况纳入信用信息系统，并实施联合激励或者惩戒。

根据《中华人民共和国契税法》第十一条：纳税人办理纳税事宜后，税务机关应当开具契税完税凭证。纳税人办理土地、房屋权属登记，不动产登记机构应当查验契税完税、减免税凭证或者有关信息。未按照规定缴纳契税的，不动产登记机构不予办理土地、房屋权属登记。

根据《中华人民共和国土地增值税暂行条例》第十二条：纳税人未按照本条例缴纳土地增值税的，土地管理部门、房产管理部门不得办理有关的权属变更手续。

根据《国家税务总局 财政部 国土资源部关于加强土地税收管理的通知》（国税发〔2005〕111 号）第四条：各级国土资源管理部门在办理土地使用权权属登记时，应按照《中华人民共和国契税暂行条例》、《中华人民共和国土地增值税暂行条例》的规定，在纳税人出具完税（或减免税）凭证后，再办理土地登记手续；对于未出具完税（或减免税）凭证的，不予办理相关的手续。办理土地登记后，应将完税（或减免税）凭证一联与权属登记资料一并归档备查。

根据《国家税务总局 财政部 建设部关于加强房地产税收管理的通知》（国税发〔2005〕89 号）第六条：市、县房地产管理部门在办理房地产权属登记时，应严格按照《中华人民共和国契税暂行条例》、《中华人民共和国土地增值税暂行条例》的规定，要求出具完税（或减免）凭证；对于未出具完税（或减免）凭证的，房地产管理部门不得办理权属登记。

可以看出，无论是《中华人民共和国个人所得税法》《中华人民共和国契税法》还是《中华人民共和国土地增值税暂行条例》，以及一些部门的联合发文，都需要"先税后证"，也就是先交税再办理过户具有充分的法律依据。

"买家包税"的筹划途径

前文案例中甲面临的问题，真的就无解吗？也不是。

首先，应该甲缴纳的契税和过户印花税，肯定需要缴纳。但甲代 A 公司承担的巨额税费，有没有方法可以化解呢？

答案是，肯定有。

方式就是，A 公司申请破产，或者由甲作为债权人，就仍未清偿的 0.5 亿元债权向法院申请 A 公司破产清算，A 公司一旦取得法院破产的裁决文书，那么在税务局那里，相当于税务局的债权（A 公司对税务局的欠税）因破产而无法清偿，可以在系统中注销欠税，然后甲可以只缴纳自己应承担的契税和过户印花税。

3.6 公司注销：如何进行税务筹划

简易注销 vs 普通注销

公司注销有简易注销和普通注销两种情况。所谓简易注销，是指针对领取营业执照后未开展经营活动，申请注销登记前未发生债权债务或已将债权债务清算完成的有限责任公司、非公司企业法人、个人独资企业、合伙企业，符合下列情形之一的，可免予到税务机关办理税务注销，直接向市场监管部门申请办理注销登记。

（1）未办理过涉税事宜的。

（2）办理过涉税事宜但未领用发票、无欠税（滞纳金）及罚款的。

简易注销打破了"注册公司易，注销企业难"的困境。

所谓普通注销，是指适用普通注销的公司，需要清算企业从成立到注销期间的所有税款。清算税款是很多企业不愿意做的事，因为很多企业都存在少缴税款的情况，而且清算期是从成立到注销的所有税款，范围太大，有些企业早年的账簿凭证都不太完备，所以，普通注销是比较难的。

需要注意的是，如果企业被税务机关认定为非正常户，则需要先补充纳税申报、补缴税款并缴纳相应的滞纳金和罚款，解除非正常状态后，才能按照正常程序提交注销申请。

出于释放企业历史风险、降低管理成本等种种原因，我们有时候需要注销一家公司，那么税务注销应该如何纳税？有什么筹划方式吗？

注销涉税方：企业 vs 股东

税务注销主要涉及两方：一是注销企业；二是注销企业的股东。

对注销企业而言，就是清算企业从成立到注销期间的所有税款，并对清算期间的企业所得税单独计算，企业的全部资产可变现价值或交易价格，减除资产的计税基础、清算费用、相关税费，加上债务清偿损益等后的余额，为清算所得。

对注销企业的股东而言，被清算企业的股东分得的剩余资产的金额，其中相当于被清算企业累计未分配利润和累计盈余公积中按该股东所占股份比例计算的部分，应确认为股息所得；剩余资产减除股息所得后的余额，超过或低于股东投资成本的部分，应确认为股东的投资转让所得或损失。

被清算企业的股东从被清算企业分得的资产应按可变现价值或实际交易价格确定计税基础。

注销企业清算案例详解

阿牛公司在付给猪猪公司 100 万元后，受到重创，企业资金状况堪忧，难以持续经营，决定注销。

阿牛公司首先需要对从成立到注销期间的所有税种进行清理，有少缴税的，需要补缴税款及滞纳金，被税务局检查发现的，可能涉及罚款。同时，从阿牛公司决定注销开始（通常以做出股东会决议的时间为准，需要向税务机关备案），阿牛公司进入清算期，需计算清算期的税款。

🏅 案例：经营不善的自媒体公司注销

阿牛公司资产只有自用办公室，银行存款为零，由于原来形成自媒体账号的成本全部费用化了，因此无形资产为零，其拥有的 10 万名粉丝自媒体账号，作价 5 万元转让，阿牛公司的债务是对羊羊的合同违约金 10 万元未付，应付未付的职工薪酬 1 万元，对股东阿牛的其他应付款 80 万元（购买办公室时借入，后偿还一部分），账面无欠税。实收资本 1 万元，资本公积为零，盈余公积和未分配利润为 8 万元。做资产负债表简表如表 3-11 所示。

表 3-11　资产负债表简表

金额：元

资产		负债	
银行存款	0	其他应付款（违约金 +股东借款）	900 000
固定资产（办公室）	1 000 000	应付职工薪酬	10 000
无形资产（账号）	0	所有者权益	
		实收资本	10 000
		资本公积	0
		盈余公积	20 000
		未分配利润	60 000
资产总额	1 000 000	负债与所有者权益合计	1 000 000

1. 处置办公室

由于资产成本采用历史成本计价[①]，当固定资产的市场价值不等于账面成本 100 万元，而是 170 万元，资产的可变现价值[②]就等于 170 万元，而资产的计税基础就是可以在税前扣除的成本，即固定资产取得时的成本 100 万元。在销售办公室时产生了如下税费：

土地增值税 5 万元。

增值税 =1 700 000 ÷（1+9%）× 9%=140 366.97（元）[③]

---

① 按取得时的成本计入资产成本，例如购买办公室时花费100万元，那么固定资产成本就是100万元，无论后来办公室升值或贬值。

② 税法上的可变现价值可以理解为就是市场价格（预计售价），不等同于会计计量上的可变现净值。可变现净值是指在生产经营过程中，以预计售价减去进一步加工成本和销售所必需的预计税金、费用后的净值。

③ 假设阿牛公司为一般纳税人，增值税税率按9%计算，清算所得中扣除的税费不含增值税，计算增值税是为了计算附加。

附加 = 增值税 ×12%=140 366.97×12%=16 844.04（元）

印花税 =1 700 000÷（1+9%）×0.05%=779.82（元）

契税由买方承担。

处置资产现金流 = 含税收入 − 土地增值税 − 增值税 − 其他税金[1]

    =1 700 000−50 000−140 366.97−16 844.04−779.82

    =1 492 009.17（元）

2. 处置自媒体账号

根据财税〔2016〕36 号，销售无形资产，是指转让无形资产所有权或者使用权的业务活动。无形资产，是指不具实物形态，但能带来经济利益的资产，包括技术、商标、著作权、商誉、自然资源使用权和其他权益性无形资产[2]。自媒体账号属于无形资产，销售无形资产按照 6% 的税率缴纳增值税。由于自媒体账号的账面价值是零（没有资本化，成本全部费用化，已经在以前年度所得税前扣除），所以销售自媒体账号时，计税依据为零，没有成本可扣除。

销售无形资产不涉及土地增值税、契税。

增值税 =50 000÷（1+6%）×6%=2 830.19（元）[3]

---

[1] 成本是以前年度发生的，不影响当期现金流，但由于权责发生制，影响当期利润。

[2] 技术，包括专利技术和非专利技术。

 自然资源使用权，包括土地使用权、海域使用权、探矿权、采矿权、取水权和其他自然资源使用权。

 其他权益性无形资产，包括基础设施资产经营权、公共事业特许权、配额、经营权（包括特许经营权、连锁经营权、其他经营权）、经销权、分销权、代理权、会员权、席位权、网络游戏虚拟道具、域名、名称权、肖像权、冠名权、转会费等。

[3] 假设阿牛公司为一般纳税人。清算所得中扣除的税费不含增值税，计算增值税是为了计算附加。

附加 = 增值税 ×12%=2 830.19×12%=339.62（元）

处置资产现金流 = 含税收入 - 增值税 - 其他税金[①]

　　　　　　　　=50000-2 830.19-339.62

　　　　　　　　=46 830.19（元）

3. 计算债务清偿所得

公司债务 = 对股东借款 80 万元 + 对羊羊欠款 10 万元 + 应付职工薪酬 1 万元，其中职工薪酬属于优先偿付项目，所以最先偿付职工薪酬，处置两项资产产生的现金流足以偿付所有债务，因此不产生债务清偿所得（债务清偿所得为零）。

假如处置资产的现金流加上企业账面现金（含银行存款）小于债务合计数，那么二者之间的差额就是债务清偿所得。例如，猪猪公司的债务合计数为 100 万元，处置资产的现金流为 10 万元，企业账面现金为 29 万元，则一共只有 39 万元现金用于偿还债务，剩下 100-39=61（万元）债务无法偿还，经过企业清算，进入债务重组或破产程序后无须再归还，这 61 万元就是猪猪公司的债务清偿所得，是一项收益[②]，计入整体清算所得，计算清算期间所得税。

如果债务全额清偿，那么清偿债务只产生现金流支出，不产生所得。

4. 计算清算所得

清算过程产生清算费用 10 万元。

---

① 成本是以前年度发生的，不影响当期现金流，但由于权责发生制，影响当期利润。

② 免予归还部分债务，相当于债务重组收益，一般是还不上债务，债权人在金额、期限、利率上让步产生的收益。

清算所得 = 企业的全部资产可变现价值或交易价格 − 资产的计税基础 − 清算费用 − 相关税费 + 债务清偿所得 = 1 700 000÷（1+9%）+50 000÷（1+6%）−1 000000−100000−（50 000+16 844.04+779.82+339.62）+0=438 839.36（元）

5. 计算清算所得税

根据《国家税务总局关于印发〈中华人民共和国企业清算所得税申报表〉的通知》（国税函〔2009〕388号）附件2《中华人民共和国企业清算所得税申报表及附表填报说明》第12行"税率"明确了"填报企业所得税法规定的税率为25%"，因此清算期所得税不能享受小微企业、高新技术企业等的税收优惠政策。

清算所得税 = 清算所得 ×25%

=438 839.36×25%

=109 709.84（元）

《财政部 国家税务总局关于企业清算业务企业所得税处理若干问题的通知》（财税〔2009〕60号）第三条"企业清算的所得税处理"规定，企业清算时，可以依法弥补以前年度亏损。如果以前年度有亏损，那么此时可以弥补亏损后计算所得税。

本案例中计税基础就等于会计计量成本，所以清算所得实质上就等于税前利润，缴纳清算所得税后的利润 =438 839.36−109 709.84=329 129.52（元）。

税后计入企业未分配利润中。

在某些情况下，计税基础不等于会计计量成本，需要单独计算会计利润，税后利润在下一步注销企业股东清算中会用到。

注销企业股东清算案例详解

被清算企业的股东为阿牛个人（阿牛全资持有阿牛公司的股权），股东分得的剩余资产是多少呢？

股东分得的剩余资产＝企业全部资产的可变现价值或交易价格－清算费用－职工的工资、社会保险费用和法定补偿金－清算所得税－以前年度欠税－清偿企业债务[①]=1 700 000÷（1+9%）[②]+50 000÷（1+6%）－100000－10000－（50 000+16 844.04+779.82+339.62）－109 709.84－900 000=419 129.52（元）

其中，相当于被清算企业累计未分配利润和累计盈余公积中按该股东所占股份比例计算的部分，应确认为股息所得，被清算企业累计未分配利润和累计盈余公积，就是清算前的盈余公积＋未分配利润80 000元，加上清算期间的税后利润329 129.52元，共计409 129.52元；即419 129.52元剩余资产中，409 129.52元为股息所得，减除股息所得后的余额10 000元，刚好等于股东投资成本（实收资本10 000元），股东的投资转让所得或损失为零。

因此，如果企业股东也是居民企业，那么企业股东无须交税。但如果像阿牛公司这样，股东是个人，那么个人需要就409 129.52元的股息所得，按照20%的税率缴纳个人所得税，应交税额 =409 129.52×20%=81 825.90（元）。

假如阿牛分回的剩余资产不是现金，而是阿牛公司的办公

---

① 与清算所得相比，不减去资产的计税基础和清偿债务所得，要减去清算所得税、欠税和清偿债务的现金流。

② 含税收入/（1+税率）=含税收入－增值税现金流出。

室（未处置），那么前述都需要重新计算。另外，被清算企业的股东从被清算企业分得的资产，按市场价格170万元来确认资产的可变现价值或交易价格。

税务注销的筹划模式主要有三种：一是合理划分正常经营期间和清算期间；二是充分利用注销企业的亏损；三是将个人股东变为企业股东。

筹划模式1：合理划分正常经营期间和清算期间

如何合理划分正常经营期间和清算期间？我们首先要知道，什么是正常经营期间，什么是清算期间。

在公司以持续经营假设正常营业时，属于正常经营期间，企业所得税按年计算，而当公司不再持续经营，发生结束自身业务、处置资产、偿还债务以及向所有者分配剩余财产等经济行为，就进入了清算期间。如果企业在年度中间放弃持续经营，那么在一个纳税年度内就既有正常经营期又有清算期。例如，阿牛公司决定自2022年3月31日终止经营，那么正常经营期为2022年1月1日至3月31日，自2022年4月1日至企业注销为清算期，清算期有可能早于2022年12月31日，也可能晚于2022年12月31日，即清算期不再按年计算，而是可以跨年。

清算期间无须进行企业所得税预缴申报。清算结束之日起15日内，以整个清算期作为一个独立的纳税年度计算清算所得，进行清算申报。

案例：清算期提前的筹划方式

A 企业从 2022 年 1 月 1 日至 3 月 31 日是正常经营期，在这段时间内 A 企业盈利，利润为 100 万元，预计清算期亏损，企业经营期的盈利发生在前，是不能抵扣清算期亏损的，这对企业来说是极不划算的。所以，在正常经营期盈利而清算期亏损的情况下，要尽可能将清算期提前，或将正常经营期的收入延后到清算期。经盘点后发现，A 企业在 3 月 31 日有一项债务重组收益要实现，建议 A 企业与债权人协商，将 3 月 31 日签订的债务重组合同，延后到 4 月 1 日签订。这样，这笔债务重组收益确认的时间，就从正常经营期延后至清算期。此外，A 企业还计划于 2022 年 3 月处置一批资产，预计盈利取得收入，提前发放拖欠职工的薪酬等，这些事项本身都不是正常持续经营假设下会发生的，可以延迟到清算期处理。经过筹划，A 企业的清算期亏损减少，正常期盈利也减少，少缴企业所得税 200 万元。需要注意的是，延迟和提前应具有商业合理性。

如果正常经营期本身不盈利或亏损，则无论后续清算期是盈利还是亏损，都无须做此筹划。

筹划模式 2：充分利用注销企业的亏损

前面我们讲过，亏损是一种现金资源，直接注销一家亏损公司，等于放弃了这部分现金资源。如何利用注销企业的亏损呢？有以下几种方式。

方式一：注销变为吸收合并

第一种方式是，把注销变为由母公司吸收合并（前提是母公司 100% 持股，没有个人持股），吸收合并后原公司不复存在。原经营不善的公司往往会形成较大的税收亏损，而注销后税收亏损资源不复存在，吸收合并可以使得盈利的母公司抵扣这部分税收亏损。抵扣限额的计算公式如下。

可由合并企业弥补的被合并企业亏损的限额 = 被合并企业净资产公允价值 × 截至合并业务发生当年年末国家发行的最长期限国债利率

但吸收合并具有两个缺点：一是操作复杂、成本较高；二是吸收合并后，母公司需要承担原已被合并公司的债权债务。有时，注销企业就是为了一笔勾销债权债务释放风险，所以吸收合并在实践中仍是较少采用的方式。

🏅 案例：某房地产企业注销变为吸收合并

在少数情况下，我们会希望母公司（合并方）能够承继被合并公司的债权债务，此时往往是因为被合并公司有债权未追回。比如某房地产企业销售房屋，房屋产权已过户，但对方未足额付款，该房地产企业希望注销企业，但又希望未来能够追回这笔债权。笔者认为，该房地产企业应将注销改为吸收合并，因为吸收合并后，合并方可以继续追讨这笔债权，又能够弥补被合并公司的亏损，此时吸收合并的缺点反而会变成优点。

实践中，我们要结合税务以外的商业目的来判断采取什么样的税务筹划模式。

另外，吸收合并弥补亏损虽然有限额，但限额可以通过一些途径实现突破。

我们无法影响国债利率，但是被合并企业净资产公允价值是可以影响的，只需要由母公司实缴增资给被合并企业，被合并企业的净资产公允价值就会增加，上不封顶。吸收合并后，实缴出资的资金还会被合并到母公司。实操难度主要是母公司可能难以筹措足额的资金实缴出资。

方式二：转让股权后注销

因为吸收合并的种种缺点，第二种方式应运而生。那就是，母公司不吸收合并拟注销企业，而是将拟注销企业的股权转让，由于拟注销企业本身就长期亏损，股权转让的对价很小，极有可能低于母公司的长期股权投资成本，在母公司层面就会形成一个新的税务亏损。

采用这种方式，如果预估拟注销企业清算完成后的会计"盈余公积"＋"未分配利润"为负或零，那么股权受让方可以是个人或企业，因为注销时股东通常不会产生税款；但如果拟注销企业清算完成后的会计"盈余公积"＋"未分配利润"为正，那么受让方最好选择企业，因为股权受让方作为拟注销企业的新股东，需要将注销企业"盈余公积"＋"未分配利润"的部分作为"股息红利所得"纳税。企业股东取得的股息所得，满足"居民企业之间符合条件的投资收益"免税的政策，而个人股东取得的股息所得，则需要缴纳 20% 的个人所得税。

筹划模式 3：个人股东变为企业股东

由于阿牛公司的股东是阿牛个人，阿牛公司在清算期间取得利润后，不仅要缴纳企业所得税，还要视同分配股息缴纳个人所得税。因此，如果预期清算后存在这种情况，可以由个人股东转让拟清算企业的股权，受让方为符合条件的居民企业，免去部分的个人所得税税负。之所以只能免去部分，是因为在转让环节，也会涉及企业的评估增值，转让人个人就股权转让所得的 20% 缴纳个人所得税。

3.7 警示：这些不是税务筹划，而是偷税漏税

虚开发票：从 0 到 1、从 1 到 2

什么叫从 0 到 1、从 1 到 2 的虚开发票？从 0 到 1 是指，阿牛公司和猪猪公司之间本身没有业务往来，虚构一项业务，由猪猪公司开票 110 万元给阿牛公司，属于从 0 到 1 的虚开发票。从 1 到 2 是指，阿牛公司和猪猪公司之间本身有业务往来 100

万元，由猪猪公司开票 110 万元给阿牛公司，属于从 1 到 2 的虚开发票。

它们都是虚开发票，只是虚开发票的金额不同而已，从 0 到 1 的虚开金额是 110 万元，从 1 到 2 的虚开发票金额是 10 万元，这并不说明从 1 到 2 就比从 0 到 1 风险更小。如果阿牛公司和猪猪公司之间本身有业务往来 100 万元，由猪猪公司开票 300 万元给阿牛公司，那么从 1 到 2 的虚开发票金额就是 200 万元，就会比从 0 到 1 的虚开金额 110 万元更大。这都是定罪量刑的依据。

尤其是虚开增值税专用发票，虚开税额在 1 万元以上的，就已经触犯了刑法。虚开主体是公司的，个人承担刑事责任，这个个人，往往指的是法人和财务负责人。

很多企业公转私、虚增成本费用，都是通过以上方式。

在 2011 年全国人大常委会第十九次会议颁布《中华人民共和国刑法修正案（八）》以前，虚开发票罪，最高可以判处死刑，虚开发票的严重性可见一斑。

两套账：伪造、变造账簿

虽然民间传说"不会做假账的财务不是好财务"，但是这样的"好财务"其实已经触犯了刑法。

要确认自己有没有触犯刑法，主要看手段，也就是说，并不是只要少缴税，就是逃税，有些情况是纳税人计算错误、失误等原因造成的，这种情况不是逃税。逃税是采取欺骗、隐瞒手段进行虚假纳税申报或者不申报，凡有以下行为基本可以判定为逃税。

伪造、变造、隐匿、擅自销毁账簿和记账凭证

所谓的伪造、变造账簿，其实就是两套账。纳税人为了少纳税，专门设置一套应付税务检查的凭证和账簿，这种行为是"伪造"；对已有的真实账簿和凭证进行篡改、合并或删除，这种行为是"变造"。

在账簿上多列支出或者不列、少列收入

首先，最常见的方式是账外收款，尤其是面向最终消费者的业务，往往直接通过个人支付宝或微信收款，不入公账。其次是签订阴阳合同，是指合同当事人就同一事项订立两份以上、内容不相同的合同，一份对内，一份对外，其中对外的一份并不是双方真实意思表示，而是以逃避国家税收等为目的；对内的一份则是双方真实意思表示，可以是书面或口头。

进行虚假的纳税申报

这种情况是指，虽然账务处理是真的，但是税务申报时却是假的。在纳税申报时，企业财务负责人直接修改报给税务机关的财务报表，或者通过不合理的纳税调整项目达到少缴税目的。

自媒体带货取得佣金如何纳税

♛ 案例：东方甄选直播间 vs 某网红直播间

　　需要注意的是，自媒体带货取得佣金也有两种模式。一种是 2022 年突然火出圈的新东方转型"东方甄选"直播间，它的主播不是某个固定的人，直播间实际上是企业在运营，另一种是某网络直播间，它的主播就是固定的个人，直播间实际上是靠个人 IP 在运营。这两种情况是不同的，企业运营的直播间是可以由企业收取直播带货佣金，在扣除支付给主播的费用后（主播是任职受雇的，按照"工资、薪金所得"代扣代缴个人所得税；主播与直播间是灵活的合作关系，按照"劳务报酬所得"代扣代缴个人所得税），缴纳企业所得税；第二种情况，按照之前被查处的多个主播案例来看，应该由主播个人缴纳"劳务报酬所得"（属于个人提供劳务），而不能由企业纳税，否则也构成偷税漏税。

偷税漏税的后果

行政处罚

　　情节较轻的，一般是行政处罚，主要是罚款。罚款金额最高可达少缴税款的 5 倍（50% 至 5 倍）。也就是说，如果少缴税款 100 万元，罚款可以达到 500 万元。

刑事处罚

逃税罪是指，纳税人采取欺骗、隐瞒手段进行虚假纳税申报或者不申报，逃避缴纳税款数额较大并且占应纳税额 10% 以上的，处三年以下有期徒刑或者拘役，并处罚金；数额巨大并且占应纳税额 30% 以上的，处三年以上七年以下有期徒刑，并处罚金。扣缴义务人采取前款所列手段，不缴或者少缴已扣、已收税款，数额较大的，依照前款的规定处罚。对多次实施前两款行为，未经处理的，按照累计数额计算。

要注意的是，没有足额代扣代缴个人所得税，虽然也会被处罚（罚金数额为少代扣税款的 50% 至 3 倍），但并不会被判处刑罚。如果企业已经从应支付个人的款项中，代扣了个人所得税，但是，通过虚假申报或不申报方式没有缴入国库，数额较大的，也属于逃税罪。

数额较大指的是多少？一般为 5 万元以上。

为什么明星主播偷税漏税金额高达亿元，也没有被追究刑事责任呢？原因在于，偷税漏税有一个"首违不罚"的规定，即经税务机关依法下达追缴通知后，按时补缴应纳税款、补缴滞纳金及罚款，且是第一次被税务机关处罚的，可以免予追究刑事责任。

如果被查处的明星、主播在五年之内，再次被税务机关发现偷税漏税，给予第二次行政处罚，就会被追究刑事责任。

一旦收到税务机关的补税通知，纳税人一定要按照规定时间补税，超过期限还没补税，相关部门一样会追究刑事责任，哪怕是首次被处罚也一样。原来就有企业主，本来偷逃税款金额 5 万元，但是对税务机关下发的补税通知不配合，到期不补税，被判处刑罚。

要注意，一旦移交给公安机关且公安机关已立案，这时纳税人再补缴应纳税款、滞纳金或者接受行政处罚的，不影响刑事责任的追究。等到发现事情的严重性，想补也为时已晚。所以我们看到，这些被曝光的明星博主们，都是积极筹措资金，想方设法也要把税补上。

3.8 风险管控：金税四期下企业主需关注的风险

2021 年 5 月，中共中央办公厅 国务院办公厅印发了《关于进一步深化税收征管改革的意见》，通知中明确强调精准实施税务监管的相关内容。

精准实施税务监管：加强重点领域风险防控和监管。对逃避税问题多发的行业、地区和人群，根据税收风险适当提高"双随机、一公开"抽查比例。对隐瞒收入、虚列成本、转移利润以及利用"税收洼地"、"阴阳合同"和关联交易等逃避税行为，加强预防性制度建设，加大依法防控和监督检查力度。

因此，未来将税收洼地作为合理避税工具的风险会越来越大。除此以外，金税四期背景下企业主还需关注以下风险。

收入方面的风险

避免违法违规行为

利用个人账户、微信、支付宝等收取货款来隐匿部分收入，或存在大额收款迟迟不开发票等行为属于违法违规行为，纳税人应避免以上行为。

关联交易

税务局今后能识别的关联交易不仅是股权关联，还有任职人员相同、供应商 / 客户依赖等关联，纳税人可通过关联交易非关联化（交易中间加设非关联方，或完全看不出关联关系的交易双方）等方式降低风险，不可避免的关联交易要留存关联交易定价依据。

成本费用方面的风险

以下几种情形可能存在违法违规风险，纳税人应重点关注：主营成本长期大于主营收入；公司没有车，却存在大量的加油费；差旅费、会议费、咨询费等异常情况等。

对于房产建筑行业，纳税人要关注同期单方成本数据，在精装项目上，要在售房合同中明确精装交付的标准，否则精装部分成本难以在土地增值税前扣除；对于单方成本偏高的情况，留存单方成本偏高的依据，比如外立面防水材料的优化等（但不能是返工等原因）。

企业利润方面的风险

以下几种情形可能存在违法违规风险，纳税人应重点关注：报送的资产负债表与利润表的钩稽关系有出入；利润表里的利润总额与企业所得税申报表中的利润总额有出入；企业常年亏损，与同行业比利润偏低等。

股权转让方面的风险

股权中含有无形资产或不动产的，平价转让都有较大风险，除非有评估报告结果支持。

企业税负方面的风险

在企业税负方面，纳税人应重点关注以下风险：一是税负率偏低，如低于同期同地区同类型企业；二是上下浮动过大，如今年比去年同比增长或下降幅度过大。

第 4 章
个人家庭财富及资产传承的
税务筹划要点

4.1 年终奖和月工资如何分配

在前文中，我们已经阐述了金额分配的要义，即在总额固定、需要分配的场景中，当边际税率相等时，税负是最低的。只要边际税率不相等，当我从边际税率较高的一方挪一元钱去边际税率较低的一方时，税负就能进一步降低，而边际税率相等时，筹划空间消除，税负不能再降低，我们向任意方向挪移一元钱，都不会改变税负。那么，年终奖和月工资也是如此选择吗？

全额累进 vs 超额累进

对于适用超额累进税率的月工资、固定税率的股息红利而言，边际税率实际上就是它的适用税率。但是，年终奖不是超额累进，而是全额累进，它的边际税率不是适用税率，所以，不能简单地用适用税率来比较。

超额累进和全额累进的区别在哪儿呢？

全额累进下的年终奖"跳档"

案例：以工资薪金为例，在超额累进下，假设不考虑四项扣除[①]，当老王领取 36 001 元的工资时，其中 36 000 元按 3% 纳税，1 元按 10% 纳税，用公式表示如下。

应纳个人所得税额 =36 000 × 3%+1 × 10%= 1 080.1（元）

如果用税率表中的速算扣除数来计算，结果一样：

应纳个人所得税额 =36 001 × 10%−2 520=1 080.1（元）

以年终奖为例，在全额累进下，当老王领取 36 000 元的年终奖时，36 000 元全额按 3% 计税，而当老王领取 36 001 元的年终奖时，36 001 元全额按 10% 计税，用公式表示如下。

（1）36 000 元的年终奖。

应纳个人所得税额 =36 000 × 3%=1 080（元）

（2）36 001 元的年终奖。

应纳个人所得税额 =36 001 × 10%−210=3 390.1（元）

看到这个结果，我们会发现，当增加 1 元的年终奖时，税额却增加了 3 390.1−1 080=2 310.1（元）！多 1 元的年终奖，到手反而少了近 2 309 元！这就是在全额累进下的纳税情况，在超额累进下，不会产生这种情况。

全额累进：边际税负需要计算

当年终奖从 36 000 元增加到 36 001 元时，边际税负并不是它的法定税率 10%，而需要通过计算得出：

---

① 四项扣除是指基本减除费用6万元，可在税前扣除的个人缴纳的三险一金，专项附加扣除和其他扣除。下同。

边际税负 = 增加单位收入增加的税额 ÷ 增加的单位收入

$$= (3\ 390.1 - 1080) \div 1$$

$$= 231\ 000\%$$

这个边际税负惊人地超过了 100%！而随着年终奖从临界点开始，增加得越来越多，边际税负将逐渐回落。举个例子，当年终奖从 39 999 元增加到 40 000 元时，应纳个人所得税额计算如下。

（1）39 999 元的年终奖。

应纳个人所得税额 = 39 999 × 10% − 210 = 3 789.9（元）

（2）40 000 元的年终奖。

应纳个人所得税额 = 40 000 × 10% − 210 = 3 790（元）

边际税负 = 增加单位收入增加的税额 ÷ 增加的单位收入

$$= (3790 - 3\ 789.9) \div 1$$

$$= 10\%$$

此时，边际税负又等于适用税率了。所以，工资和年终奖之间的比较，不能简单地按照适用税率来计算，而是要根据实际情况测算。

为了帮助大家简化计算，只要年终奖不处于表 4-1 所列出的区间，年终奖的边际税负就等于适用税率，如果年终奖处于表 4-1 所列出的任一区间，则边际税负必然大于适用税率，需要实际测算。

表 4-1　年终奖跳档，导致增加年终奖反而不划算的区间

第一档：36 000 ~ 38 566.67 元
第二档：144 000 ~ 160 500 元
第三档：300 000 ~ 318 333.33 元
第四档：420 000 ~ 447 500 元
第五档：660 000 ~ 706 538.46 元
第六档：960 000 ~ 1 120 000 元

案例说明：年终奖和工资不能用边际税率比较法

老王全年工资应纳税所得额为 30 万元，而年终奖为 10 万元，此时工资的适用税率（即边际税率）为 20%，而年终奖的适用税率（由于 10 万元不在跳档区间，因此适用税率也等于边际税率）为 10%，如果使用边际税率比较法[①]，当减少工资增加年终奖时，税负可以进一步降低。当工资的应纳税所得额降低到 20 万元，而年终奖也增加到 20 万元时，此时工资和年终奖的适用税率都是 20%。根据边际税率比较法，挪移 10 万元到年终奖，税负应该是下降的，但结果却不是，我们可以直接通过计算证明。全年工资总额和年终奖适用的税率表如表 4-2 和表 4-3 所示。

（1）工资 30 万元，年终奖 10 万元时。

工资应纳个人所得税额 =300 000 × 20%−16 920=43 080（元）

年终奖应纳个人所得税额 =100 000 × 10%−210=9 790（元）

应纳个人所得税额 =43 080+9 790=52 870（元）

---

① 边际税率比较法是笔者自创的一种方法，运用了经济学中边际效益的理念。

（2）工资 20 万元，年终奖 20 万元时。

工资应纳个人所得税额 =200 000×20%-16 920=23 080（元）

年终奖应纳个人所得税额 =200 000×20%-1 410=38 590（元）

应纳个人所得税额 =23 080+38 590=61 670（元）

表 4-2　全年工资总额适用的税率表

级数	全年应纳税所得额	税率	速算扣除数（元）
1	低于 36 000 元	3%	0
2	36 000 ~ 144 000 元（不含）	10%	2 520
3	144 000 ~ 300 000 元（不含）	20%	16 920
4	300 000 ~ 420 000 元（不含）	25%	31 920
5	420 000 ~ 660 000 元（不含）	30%	52 920
6	660 000 ~ 960 000 元（不含）	35%	85 920
7	高于 960 000 元	45%	181 920

表 4-3　年终奖适用的税率表（除以 12 后查找）

级数	全月应纳税所得额	税率	速算扣除数（元）
1	低于 3 000 元	3%	0
2	3 000 ~ 12 000 元（不含）	10%	210
3	12 000 ~ 25 000 元（不含）	20%	1 410
4	25 000 ~ 35 000 元（不含）	25%	2 660
5	35 000 ~ 55 000 元（不含）	30%	4 410
6	55 000 ~ 80 000 元（不含）	35%	7 160
7	高于 80 000 元	45%	15 160

可以看出，税额整体不仅没有下降，反而增加了。如何解释这个现象呢？

这是因为年终奖从 10 万元增加到 20 万元，虽然 10 万元和 20 万元本身都不在跳档区间，但其中间经过了一个跳档区间，所以就不能用增加单位收入（即增加 1 元年终奖）的边际税率来比较，而应该用增加收入（也就是增加 10 万元年终奖）的边际税率。

年终奖 10 万元增加到年终奖 20 万元时：

增加收入的边际税率 =（38 590－9 790）÷100 000=28.8%

28.8% 显然高于工资的边际税率 20%。

所以，边际税率比较法只适用于超额累进税率、超率累进税率（如土地增值税）、固定税率之间的相互比较。全额累进税率，建议还是直接计算平均税负比较准确。

关于年终奖的疑惑解答

网上之前盛传年终奖计税方式于 2021 年年底到期，税负将大额增加。日前，财政部 税务总局公告 2021 年第 42 号出台，将年终奖单独计税政策执行期延续至 2023 年 12 月 31 日。接下来，笔者带领大家一次厘清关于年终奖的疑惑：2022 年居民个人取得年终一次性奖金，如何计税？年终奖跳档是怎么回事？年终奖多次发放如何计税？个人所得税改革是否对所有纳税人而言，税负均下降了？

👑 **案例：年终一次性奖金如何计税**

A 房地产公司于 2022 年 1 月计发 2021 年全年的年终奖，发放对象全部为境内居民个人。

问：在发放年终奖时，应如何代扣代缴个人所得税？

答：（1）单独纳税。

根据财税〔2018〕164 号（以下简称 164 号文）、财政部 税务总局公告 2021 年第 42 号规定"执行期延续至 2023 年 12 月 31 日"，居民个人取得全年一次性奖金，不并入当年综合所得，以全年一次性奖金收入除以 12 个月得到的数额，按照月度税率表，确定适用税率和速算扣除数，单独计算纳税。

举例说明，甲居民个人 2022 年全年取得税前工资收入 50 万元，取得年终奖 40 万元。应纳税额的计算方式如下。

400 000÷12=33 333.33（元），查找税率表（见表 4-4）属于第 4 级 25 000～35 000 元的部分，适用税率 25%，速算扣除数 2 660 元。

表 4-4　2019 年个人所得税税率表

级数	应纳税所得（含税）	税率	速算扣除数（元）
1	低于 3 000 元	3%	0
2	3 000～12 000 元（不含）	10%	210
3	12 000～25 000 元（不含）	20%	1 410
4	25 000～35 000 元（不含）	25%	2 660
5	35 000～55 000 元（不含）	30%	4 410
6	55 000～80 000 元（不含）	35%	7 160
7	高于 80 000 元	45%	15 160

甲居民应纳税额 = 全年一次性奖金收入 × 适用税率 − 速算扣除数

=400 000×25%−2 660

=97 340（元）

需要注意，找税率和速算扣除数时用的是全年奖金除以 12，但计算税款时用的还是全年奖金，不除以 12。

（2）并入综合所得纳税。

举例说明，甲居民个人 2022 年全年取得税前工资收入 50 万元，取得年终奖 40 万元，专项附加扣除每月 3 000 元，五险一金每月 3 000 元。应纳税额的计算方式如下。

甲全年综合所得[①]=900 000−60 000−（3 000+3 000）×12

=768 000（元）

公式中的 60 000 元是每月 5 000 元的基本减除费用，查找综合所得税率（见表 4-5）表属于第 6 级 660 000 ～ 960 000 元的部分，适用税率 35%，速算扣除数 85 920 元。

表 4-5　个人所得税税率表（综合所得适用）

级数	全年应纳税所得额	税率	速算扣除数（元）
1	低于 36 000 元	3%	0
2	36 000 ～ 144 000 元（不含）	10%	2 520
3	144 000 ～ 300 000 元（不含）	20%	16 920
4	300 000 ～ 420 000 元（不含）	25%	31 920
5	420 000 ～ 660 000 元（不含）	30%	52 920
6	660 000 ～ 960 000 元（不含）	35%	85 920
7	高于 960 000 元	45%	181 920

甲居民全年应纳税额 =768 000×35%−85 920=182 880（元）

实操指南：如果年终奖不并入综合所得，那么甲居民的全年综合所得 =500 000−60 000−（3 000+3 000）×12=368 000（元），查找表 4-5 属于第 4 级 300 000 ～ 420 000 元的部分，适用税率 25%，速算扣除数 31 920 元。

---

① 假设未取得劳务报酬、特许权使用费、稿酬。

甲居民应纳税额 =368 000×25%-31 920=60 080（元）

对比得出，将年终奖计入综合所得，单就年终奖部分对应的税款 =182 880-60 080=122 800（元），比单独纳税增加122 800-97 340=25 460（元）。

但是大家要注意：并非在所有情况下，单独计税都更有利，当纳税人全年工资低于免征额 6 万元 + 全年专项附加扣除的金额时，或许年终奖纳入综合所得更有利；还有一种情况是年终奖跳档，导致增加的年终奖不足以覆盖增加的个人所得税时，将部分年终奖纳入综合所得更有利。

其他情况下，一般是单独计税更有利，因为单独计税能适用较低的税率，且收入越高的纳税人越适合采用单独计税（跳档需单独考虑）。

164 号文规定，居民个人可以选择单独计税或并入综合所得。

年终奖跳档详解

年终奖跳档又叫年终奖盲区，是指年终奖计税的一个漏洞，这个漏洞会导致年终奖增加时，由于税款增加得更多，因此到手的年终奖反而减少了。年终奖跳档表如表 4-6 所示（适用新个人所得税法下的单独计税模式，并入综合所得计税不存在年终奖跳档）。

表 4-6 年终奖跳档表

金额：元

跳档区间	税前年终奖	除以 12 的商数	适用税率	速算扣除数	应纳税额	税后数额
第一档： 36 000 ~ 38 566.67 元	36 000.00	3 000.00	3%	0	1 080.00	34 920.00
	36 001.00	3 000.08	10%	210	3 390.10	32 610.90
	38 566.67	3 213.89	10%	210	3 646.67	34 920.00
第二档： 144 000 ~ 160 500 元	144 000.00	12 000.00	10%	210	14 190.00	129 810.00
	144 001.00	12 000.08	20%	1 410	27 390.20	116 610.80
	160 500.00	13 375.00	20%	1 410	30 690.00	129 810.00
第三档： 300 000 ~ 318 333.33 元	300 000.00	25 000.00	20%	1 410	58 590.00	241 410.00
	300 001.00	25 000.08	25%	2 660	72 340.25	227 660.75
	318 333.33	26 527.78	25%	2 660	76 923.33	241 410.00
第四档： 420 000 ~ 447 500 元	420 000.00	35 000.00	25%	2 660	102 340.00	317 660.00
	420 001.00	35 000.08	30%	4 410	121 590.30	298 410.70
	447 500.00	37 291.67	30%	4 410	129 840.00	317 660.00
第五档： 660 000 ~ 706 538.46 元	660 000.00	55 000.00	30%	4 410	193 590.00	466 410.00
	660 001.00	55 000.08	35%	7 160	223 840.35	436 160.65
	706 538.46	58 878.21	35%	7 160	240 128.46	466 410.00
第六档： 960 000 ~ 1 120 000 元	960 000.00	80 000.00	35%	7 160	328 840.00	631 160.00
	960 001.00	80 000.08	45%	15 160	416 840.45	543 160.55
	1 120 000.00	93 333.33	45%	15 160	488 840.00	631 160.00

　　从表 4-6 可以看出，凡是税前年终奖金额处于这 6 个档位，税后年终奖数额就会出现一个开口向上的抛物线。也就是说，当税前年终奖增加时，税后年终奖反而减少了。每一档的税前年终奖两端的数字，对应的税后数额相等，处在档位中间的税前年终奖，是非常不利于纳税人的。

　　年终奖跳档是由年终奖单独纳税时采用全额累进税率导致

的，我们日常工资薪金采用的是超额累进税率，就不会出现跳档情况。土地增值税的超率累进税率也不会出现跳档情况，即使刚好过档，也不会导致税负增加，除非本身是增值率 20% 以下的普通住宅，原适用免税政策，因收入增加或成本降低等原因增值率变为 20% 以上，导致不能享受免税优惠。

当出现跳档情况时，我们可以筹划将超出上述六档的起始金额，挪到综合所得中计税。

但纳税人并不能选择将一部分年终奖纳入综合所得，另一部分单独计税，只能统一选择一种方式纳税，因此，需做好提前筹划，有跳档的情况，应将跳档金额部分，移至工资薪金部分发放，则可以避免此情况（需要人力资源部门主动作为）。

年终奖金分多次发放如何计税

案例： A 房地产公司于 2022 年 1 月计发 2021 年全年的年终奖，发放对象全部为境内居民个人。春节前必须发放部分奖金，否则会引起职工不满，由于资金紧张，A 公司采取了分次发放的形式，节前发放 50%，5 月再发放剩余 50%。

问：分次发放年终奖时，应如何代扣代缴个人所得税？

答：根据财税〔2018〕164 号第一条，居民个人取得全年一次性奖金适用单独计税的，必须符合《国家税务总局关于调整个人取得全年一次性奖金等计算征收个人所得税方法问题的通知》（国税发〔2005〕9 号）的规定。

国税发〔2005〕9 号第三条规定，在一个纳税年度内，对每一个纳税人，该计税办法只允许采用一次；第五条规定，雇员取得除全年一次性奖金以外的其他各种名目奖金，如半年奖、季度奖、加班奖、先进奖、考勤奖等，一律与当月工资、薪金收入合并，按税法规定缴纳个人所得税。

分次发放的应合并为一次年终奖单独计税，或者选择其中一次单独计税，剩余次数发放的并入综合所得计税。

部分人群税负上升

2019 年个人所得税改革后，有三类纳税人的税负可能会增加：第一种是有年终奖（工资不是全部在月度发放）的高收入人群将年终奖纳入综合所得计税的；第二种是我们俗称的斜杠青年[①]，也就是既取得工资薪金所得，又取得稿酬或特许权使用费或劳务报酬的人群，由于合并计税，可能导致税率升高（工资薪金所得低于 60 000 万元 + 专项附加扣除的，或合并计税后综合所得税率低于 20% 的除外）；第三种是多处取得稿酬或特许权使用费或劳务报酬的人群（作家会受到影响），因为以前只有工资薪金所得是需要合并两处以上所得进行申报，而稿酬、特许权使用费、劳务报酬无须合并两处以上所得，但个人所得税改革后，综合所得需要合并纳税人的多处所得（不区分扣缴义务人），因此可能导致税率升高，从而增加税负（合并计税后

---

① 斜杠青年指的是一群不再满足专一职业的生活方式，而选择拥有多重职业和身份的多元生活的人群。该词来源于英文Slash，出自《纽约时报》专栏作家麦瑞克·阿尔伯撰写的《双重职业》一书。

这些人在自我介绍中会用斜杠来区分，例如：张三，记者/演员/摄影师。"斜杠"便成了他们的代名词。

综合所得税率低于 20% 的除外）。

🏅 案例：年终奖纳入综合所得税负升高

　　根据不同收入结构，我们对年终奖纳入综合所得税的税负进行了比较，见图 4-1 ～ 图 4-3。

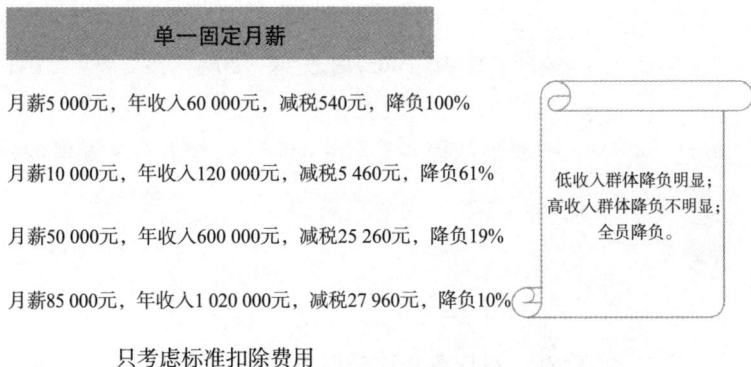

单一固定月薪

月薪 5 000 元，年收入 60 000 元，减税 540 元，降负 100%

月薪 10 000 元，年收入 120 000 元，减税 5 460 元，降负 61%

月薪 50 000 元，年收入 600 000 元，减税 25 260 元，降负 19%

月薪 85 000 元，年收入 1 020 000 元，减税 27 960 元，降负 10%

低收入群体降负明显；
高收入群体降负不明显；
全员降负。

只考虑标准扣除费用

图 4-1　单一固定月薪状况下税收情况

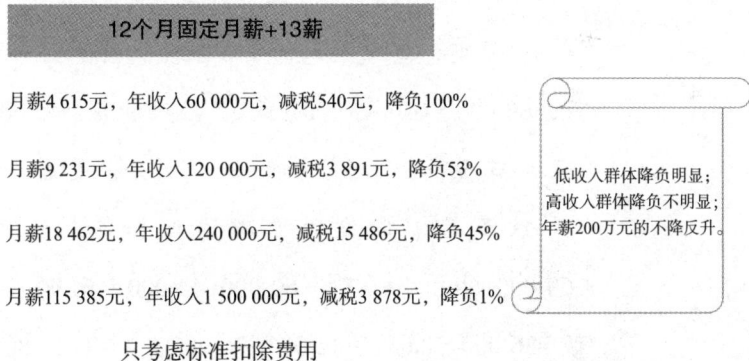

12 个月固定月薪 +13 薪

月薪 4 615 元，年收入 60 000 元，减税 540 元，降负 100%

月薪 9 231 元，年收入 120 000 元，减税 3 891 元，降负 53%

月薪 18 462 元，年收入 240 000 元，减税 15 486 元，降负 45%

月薪 115 385 元，年收入 1 500 000 元，减税 3 878 元，降负 1%

低收入群体降负明显；
高收入群体降负不明显；
年薪 200 万元的不降反升。

只考虑标准扣除费用

图 4-2　12 个月固定月薪 +13 薪状况下税收情况

> **70%固定月薪+30%年终奖金**
>
> 月薪3 500元，年收入60 000元，减税540元，降负100%
>
> 月薪7 000元，年收入120 000元，减税2 955元，降负46%
>
> 月薪14 000元，年收入240 000元，减税14 205元，降负43%
>
> 月薪58 333元，年收入1 000 000元，增税4 745元，增负2%

> 低收入群体降负明显；
> 高收入群体降负不明显；
> 年薪100万元不降反升。

只考虑标准扣除费用

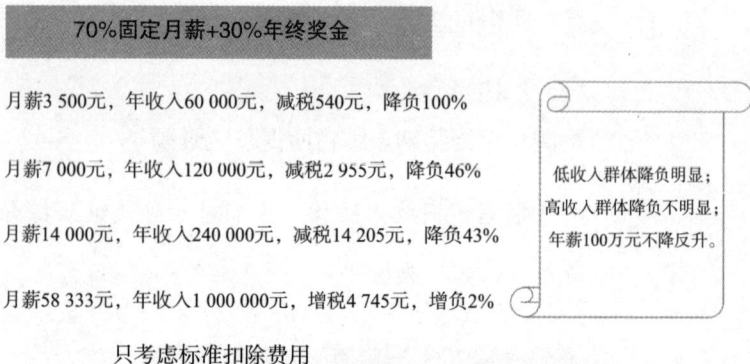

图4-3　70%固定月薪+30%年终奖金状况下税收情况

我们从图4-1～图4-3可以看出，是否增加税负受到收入高低和年终奖比例的影响。

👑 案例：斜杠青年税负升高

某人每年取得稿酬收入6万元，工资薪金收入6万元，在个人所得税改革前和改革后，其应纳税额对比如下。

改革前：稿酬收入一年6万元，按70%计入应纳税所得额，60 000×0.7=42 000（元），应纳税额=42 000×20%=8 400（元）。工资薪金所得，年收入6万元无须缴税。

改革后：（假设无专项附加扣除）应纳税所得额=（60 000+60 000×0.7）−60 000=42 000（元），应交个人所得税额=36 000×0.03+（42 000−36 000）×0.1=1 680（元）。

此时由于合并后对应的综合所得税率为10%，低于20%，因此税负是下降的。

4.2 现金年终奖和股权如何选择

🏅 **案例：100 万元年终奖 vs 100 万元股权**

老王工作了一段时间之后，取得了突出业绩，公司决定奖励他 100 万元作为年终奖，让老王自己选择是发放现金还是股权，该公司为非上市公司。老王咨询笔者，应该如何选择？

遇到上述情况，或者是非此即彼的选择问题时（不是金额的合理分配），我们就要用平均税负来比较。

现金年终奖：应纳个人所得税额 =1 000 000×45%-15 160=434 840（元）

平均税负高达 43.48%，相当于取得 100 万元的年终奖，实际到手只有约 56.5 万元。

该公司是非上市公司，老王取得股权时无须纳税，等到后续处置时按 20% 缴纳个人所得税，很明显，取得股权更有利。

假如公司是上市公司，老王取得的股权激励如果一次性行权（或者股票奖励是一次性授予），则税收低于现金年终奖。因为股权激励和年终奖的计算方式类似，都是单独计税，只是股权激励适用的是年度税率表，而年终奖是除以 12 适用换算后的月度税率表，所以在金额相等时，年终奖和股权激励适用的税率一定是相等的，只是速算扣除数不同，由于年终奖适用月度税率表，所以年终奖的速算扣除数大大小于股权激励，因此同等金额下，股权激励下的税金一定低于或等于年终奖下的税金。

分次行权更有利

如果分次行权或分次授予，则税负会进一步降低。需要注意的是，分次必须跨年，同一年内分次，在税法上视作一次。具体而言，一年内分次行权或授予的，年应纳税所得额 100 万元，边际税负 45%；两年内分次行权或授予的，年应纳税所得额 50 万元，边际税负 30%；三年内分次行权或授予的，年应纳税所得额33.33 万元，边际税负 25%；四年内分次行权或授予的，年应纳税所得额 25 万元，边际税负 20%；五年内分次行权或授予的，年应纳税所得额 20 万元，边际税负 20%；依此类推，具体情况详见表 4-7。

表 4-7　分次行权情况表

金额：元

分次行权或授予时间的年数	总额	年应纳税所得额	税率	速算扣除数	年税额	合计税额	平均税负
1	1 000 000	1 000 000	45%	181 920	268 080	268 080	27%
2	1 000 000	500 000	30%	52 920	97 080	194 160	19%
3	1 000 000	330 000	25%	31 920	51 413	154 240	15%
4	1 000 000	250 000	20%	16 920	33 080	132 320	13%
5	1 000 000	200 000	20%	16 920	23 080	115 400	12%
6	1 000 000	170 000	20%	16 920	16 413	98 480	10%
7	1 000 000	140 000	10%	2 520	11 766	82 360	8%

（续）

分次行权或授予时间的年数	总额	年应纳税所得额	税率	速算扣除数	年税额	合计税额	平均税负
8	1 000 000	130 000	10%	2 520	9 980	79 840	8%
9	1 000 000	110 000	10%	2 520	8 591	77 320	8%
10	1 000 000	100 000	10%	2 520	7 480	74 800	7%

仅考虑税收的话，两年以上（含两年）分次行权/授予的上市公司股权激励优于非上市公司股权（另外，上市公司的股票更易变现），非上市公司股权优于一次行权/授予的上市公司股权激励，一次行权/授予的上市公司股权激励优于年终奖。

所以，除非急着用钱，纳税人不应该选择年终奖。如果不考虑税收，很多人可能就误选了年终奖，因为觉得年终奖是现金，但这其中的税负差，却是巨大的。

当然，实际决策时，纳税人还需要根据股权的未来预期和变现难度予以综合考虑。

4.3 如何进行资产配置

住房、商铺、股票的配置选择

老王把股权套现，加上之前的现金储蓄，终于有了 100 万元的积蓄，开始和家人商量如何配置资产，考虑购入住房、商铺或股票等金融性资产。隔壁邻居提出建议，与其个人持有资产，不如成立一家公司持有资产，未来变现税负更低。税收会影响不同资产配置的决策吗？隔壁邻居的提议正确吗？

个人投资住房的税负分析

投资住房分为三个环节，分别是购入住房、持有住房和出售住房。

（1）购入住房环节，需要缴纳契税，契税税款＝住房价款 × 契税税率。

契税税率根据不同情况有所不同：对个人购买家庭唯一住房（家庭成员范围包括购房人、配偶以及未成年子女，下同），面积为 90 平方米及以下的，减按 1% 的税率征收契税；面积为 90 平方米以上的，减按 1.5% 的税率征收契税。

对个人购买家庭第二套住房[①]，且住房所在地在北京市、上海市、广州市、深圳市（以下简称"北上广深"）以外的，面积为 90 平方米及以下的，减按 1% 的税率征收契税；面积为 90 平方米以上的，减按 2% 的税率征收契税。

对个人购买家庭第三套及以上的住房，或者购买北上广深的第二套及以上的住房，均按 3% 的税率征收契税。

（2）持有住房环节，如果自住，则不涉及税款，如果出租，涉及租金相关的税，如表 4-8 所示。

---

① 是指已拥有一套住房的家庭，购买的家庭第二套住房。

表 4-8　个人出租住房涉及租金

情形	个人出租住房
个人所得税	10%（部分地区可能核定为 1%）
房产税（房东交，二房东不交）	4%（目前小规模纳税人减征 50%）
印花税	免征
增值税	1.5% （月均销售额 15 万元以下免征）

注：享受小规模纳税人月销售额 15 万元以下免征增值税的税收优惠政策，但不得开具增值税专用发票。

根据表 4-8，假如房屋月租金 1 000 元，则由于销售额低于 15 万元，免征增值税，但需缴纳个人所得税和房产税。

房产税 = 租金 ×4%×50%=1 000×4%×50%=20（元 / 月）

个体工商户以外的自然人，都是小规模纳税人，享受小规模纳税人六税两费（含房产税）减征 50% 的优惠政策。

个人租赁财产，在计算所得税时，每月租金不超过 4 000 元的，按月减除 800 元后计税，另外可扣除租赁过程中缴纳的其他税金（房产税、附加税费、印花税等）和不超过 800 元的修缮费用。每月租金超过 4 000 元的，扣除租赁过程中缴纳的其他税金（房产税、附加税费、印花税等）和不超过 800 元的修缮费用后，减按 80% 计税。

假设没有修缮费用，

个人所得税税额 =（1 000−800−20）×10%=18（元 / 月）

因此，持有住房并出租，月租金在 1 000 元的，

税负 =（18+20）÷1 000=3.8%

当月租金增加时，做计算表[①]如表 4-9 所示。

表 4-9　不同租金下税负情况分析

金额：元

月租金 （不含税）	增值税	房产税	个人 所得税	税费合计	税负
1 000.00	0.00	20.00	18.00	38.00	3.80%
2 000.00	0.00	40.00	116.00	156.00	7.80%
3 000.00	0.00	60.00	214.00	274.00	9.13%
4 000.00	0.00	80.00	312.00	392.00	9.80%
5 000.00	0.00	100.00	392.00	492.00	9.84%
10 000.00	0.00	200.00	784.00	984.00	9.84%
20 000.00	0.00	400.00	1 568.00	1 968.00	9.84%
100 000.00	0.00	2 000.00	7 840.00	9 840.00	9.84%
150 001.00	2 250.02	3 000.02	11 738.48	17 258.52	11.51%
1 000 000.00	15 000.00	20 000.00	78 256.00	115 056.00	11.51%

从表 4-9 可以看出，当月租金不超过 4 000 元，税负随着月租金的增长，逐渐增加至约 10% 的水平[②]；当月租金在 4 000 元至 15 万元时，税负恒定在约 10% 的水平[③]；当月租金超过 15 万元时，由于超过了增值税的免征额，需要全额缴纳增值税，税负上升并稳定在约 11.5% 的水平[④]。

（3）个人投资住房后出售，主要涉及两个税种：增值税和

---

① 假设住房在市区，城市建设维护费按7%计算。个人所得税按查账征收方式计算。

② 主要原因是减除项由固定值变为比例值，在固定减除800元的情况下（月租金4 000元以下），月租金越少，税负越低。

③ 前提是不开具增值税专用发票，考虑到个人出租一般不开票，不再探讨开具专票的情形。

④ 我们可以看出，绝大多数情况下，查账征收的个人所得税，所得税税负低于1%，也就是说，核定并非总是有利的。

个人所得税。根据购入时间的长短和住房所在城市，区分情况如表 4-10 所示。

表 4-10 个人投资住房后出售涉及税金情况分析

类型	情形			增值税	个人所得税
住宅	购入不足两年			全额的 5%	20% 差额 或核定（转让自用 5 年以上家庭唯一住房，免征个人所得税）
	购入两年以上	北上广深	非普通住房	差额的 5%	
			普通住房	免征	
		其他城市		免征	

由于住房所在位置不同，以下计算均不考虑附加税（本身金额也较小，影响不大）。

第一，假如住房购入时为 100 万元，未满 2 年卖出时为 150 万元。

应纳税额 = 增值税 + 个人所得税

= 卖出价 × 5%+（卖出价 − 购入价）× 20%

=150 × 5%+（150−100）× 20%

=17.5（万元）

第二，假如住房购入时为 100 万元，购入满 2 年但未满 5 年时卖出，且该住房位于北上广深以外的城市。

应纳税额 = 增值税 + 个人所得税

= 卖出价 × 0%+（卖出价 − 购入价）× 20%

=150 × 0%+（150−100）× 20%

=10（万元）

第三，假如住房购入时为 100 万元，购入满 5 年后卖出，且该住房位于北上广深以外的城市。该住房不是家庭[①]唯一住房，则应纳税额与第二项相同。

应纳税额 = 增值税 + 个人所得税

= 卖出价 ×0%+（卖出价 − 购入价）×20%

=150×0%+（150−100）×20%

=10（万元）

第四，假如住房购入时为 100 万元，购入满 5 年后卖出，且该住房位于北上广深以外的城市。该住房是家庭唯一住房。此时卖方无须纳税，买方仍需缴纳契税。

第五，假如住房购入时为 100 万元，购入满 5 年后卖出，是家庭唯一住房，且该住房位于北上广深。此时需要将房屋的性质纳入考虑，一般而言，建筑面积在 144 平方米以下的[②]，为普通住房；超过 144 平方米的，为非普通住房。普通住房和非普通住房的差别在于增值税的计算，普通住房是两年以上免税，非普通住房即使持有两年以上，也要交增值税，但不是全额计征，而是按卖出价减去购入价后的差额计征。

普通住房应纳税额 = 增值税 + 个人所得税 =0

非普通住房应纳税额 = 增值税 + 个人所得税

=（卖出价 − 购入价）×5%+

（卖出价 − 购入价）×0%

=（150−100）×5%=2.5（万元）

---

① 家庭以配偶和未成年子女为单位。

② 部分地区以套内面积划分，部分地区划分标准为140平方米，部分地区还有价格和容积率标准，此处不再分别讨论。

如果北上广深的住房已满 2 年未满 5 年，或者不是家庭唯一住房，则个人所得税不能免交，需要再加上个人所得税。

个人应交税额 =（150−100）×20%=10（万元）

需要注意的是，如果是购入二手房后出售，那么在购入环节，有可能需要连卖家出售的税款一并承担，俗称"买家包税"。是否需要买家包税，主要由供求市场决定，并没有统一惯例。

个人投资非住房的税负分析

假如投资的不是住房，而是商铺、写字楼或车位，涉税情况与住房存在较大区别，因此单独讨论。同样区分为购入、持有和出售三个环节。

（1）购入环节，需要缴纳契税，税款 = 价款 × 契税税率。在购入环节，非住房不能享受税收优惠政策，统一按照 3% 的契税税率缴纳（部分地区可能为 4% 或 5%）。

（2）持有环节，同样以出租为例，假如租金为 1 000 元，纳税情况分析具体如表 4-11 所示。

表 4-11 个人出租住房以外的不动产需纳税情况分析

情形	个人出租住房以外的不动产
个人所得税	20%（可能核定为 1% ~ 2%）
房产税（房东交，二房东不交）	12%（减征 50%）
印花税	0.1%（减征 50%）
增值税	5% （月均销售额 15 万元以下免征）

根据表 4-11，假如房屋月租金 1 000 元，由于销售额低于 15 万元，免征增值税，但需缴纳房产税、印花税和个人所得税。

房产税 = 租金 ×12%×50%=1 000×12%×50%=60（元 / 月）

由于个体工商户以外的自然人，都是小规模纳税人，享受小规模纳税人六税两费（含房产税）减征 50% 的优惠政策。

印花税 = 租金 ×0.1%×50%=1 000×0.1%×50%=0.5（元 / 月）[1]

个人租赁财产，在计算所得税时，同样按照每月租金是否超过 4 000 元，确定按月减除费用是 800 元固定减除还是 20% 比例减除。另外，可扣除租赁过程中缴纳的其他税金（房产税、附加税费、印花税等）和不超过 800 元的修缮费用[2]。此外，由于个人出租住房以外的不动产，不能享受出租住房的 10% 个人所得税优惠政策，因此，只能按 20% 的税率计税。

假设没有修缮费用，

个人所得税 =（1 000−800−60−0.5）×20%=27.9（元 / 月）

因此，持有非住房并出租，月租金在 1 000 元左右的，

税负 =（60+0.5+27.9）÷1 000=8.84%

可以看出，假如月租金 1 000 元，租赁住房的税负为 3.8%，租赁非住房比租赁住房的税负高出许多。

此外，当月租金超过 15 万元时，非住房适用的增值税税率 5% 也比住房高不少，住房可享受减按 1.5% 计税。

---

① 印花税应在签订合同时按合同总金额一次性缴纳，但此处为简化计算和理解，按月计算。

② 修缮费用需要实际发生才能扣除。

当月租金增加时，做计算表 ① 如表 4-12 所示。

表 4-12 不同月租金下税负情况表

金额：元

月租金 （不含税）	增值税	房产税	印花税	个人 所得税	税费合计	税负
1 000.00	0.00	60.00	0.50	27.90	88.40	8.84%
2 000.00	0.00	120.00	1.00	215.80	336.80	16.84%
3 000.00	0.00	180.00	1.50	403.70	585.20	19.51%
4 000.00	0.00	240.00	2.00	591.60	833.60	20.84%
5 000.00	0.00	300.00	2.50	779.50	1 082.00	21.64%
10 000.00	0.00	600.00	5.00	1 719.00	2 324.00	23.24%
20 000.00	0.00	1 200.00	10.00	3 598.00	4 808.00	24.04%
100 000.00	0.00	6 000.00	50.00	18 630.00	24 680.00	24.68%
150 001.00	7 500.05	9 000.06	75.00	22 404.15	39 879.27	26.59%
1 000 000.00	50 000.00	60 000.00	500.00	149 360.00	265 860.00	26.59%

由表 4-12 可以看出，与租赁住房的分段式阶梯递增不同，租赁非住房无论月租金是否超过 4 000 元，税负随着月租金的增长逐渐增加，当月租金增长至 15 万元，税负达到约 26.6%，随后稳定在这一水平。这比租赁住房最高税负约 11.5% 的水平要高出一倍多。实际上，税负 26.6% 仍然被低估了，因为持有非住房还涉及土地使用税（土地使用税税款 = 占用土地面积 ② × 当地适用税率 ③），但土地使用税在不同省份、不同城市甚至不同地段的税率都不同，此处难以量化，因此未纳入计算。

---

① 假设住房在市区，城市建设维护费按7%计算。个人所得税按查账征收方式计算。

② 占用土地面积一般为不动产证或土地使用权证的证载面积。

③ 当地适用税率是定额税率，也就是 × × 元/平方米。

需要注意的是，自持住房未对外出租的，无须缴纳税款，税负为零；但自持非住房，即使未对外出租，也需要缴纳房土二税，部分地区不对车位征收房土二税，无须缴纳个人所得税及增值税、印花税等。自持的房土二税，土地使用税仍然因为难以量化暂不纳入计算。

自持非住房的房产税（年）= 房产原值 ×（1- 扣除比例[①]）× 1.2% × 50%

在房产自持的情形下，税率为 1.2%，个人享受小规模纳税人六税两费减征 50% 的优惠政策。

对外购房产而言，房产原值就是购入原价，假如非住房购入价格为 100 万元，当地扣除比例为 20%，则

房产税 =1 000 000 ×（1−20%）× 1.2% × 50%=4 800（元 / 年）

因此，自持非住房也是有税费成本的。虽然由于目前的征管水平限制，部分地区尚未严格执行，但随着个人所得税税收征管的日渐加强，未来很可能纳入监管。

此外，近年来常被提起的房地产税，并不是我们已经在征收的房产税，房地产税是对超出家庭基本套数的住房征收的，不区分出租或自持，而已经在征收的房产税是针对非住房、企业持有的住房、个人对外出租的住房征收的。

（3）个人投资非住房后出售，除了需缴纳增值税和个人所得税，还需缴纳印花税和土地增值税，如表 4-13 所示。

---

① 扣除比例为10% ~ 30%，各地不同。

表 4-13　个人投资非住房后出售涉及税金

类型	增值税	印花税	土地增值税	个人所得税
非住宅	按照差额的 5% 计税	0.05%	按转让旧房计算	按照差额的 20% 计税

其中，土地增值税计算方式比较复杂，各地执行差异较大。有按照重置成本法评估扣除成本的，有按照购入成本按年加计 5% 扣除成本的，也有按征收率核定征收、不考虑成本的。因为难以量化，以下计算暂不考虑土地增值税和附加税。

假如非住房购入时为 100 万元，卖出时为 150 万元。

应纳税额 = 增值税 + 个人所得税 + 印花税

　　　　 = （卖出价 – 购入价）×5%+（卖出价 – 购入价）

　　　　　 ×20%+ 卖出价 ×0.05%

　　　　 = （150–100）×5%+（150–100）×20%+150×0.05%

　　　　 ≈ 12.58（万元）

企业投资不动产的税负分析

作为投资主体，企业不需要区分投资对象是住房还是非住房，因为企业投资不动产的涉税情况是一样的，并没有针对企业投资住房的特别优惠，因此不再分别讨论。需要注意的是，部分地区由于住房限购，企业可能不能购入住房。

老王成立了一家有限责任公司，只经营投资不动产，没有其他业务收入和支出，纳税情况同样区分为购入、持有和出售三个环节。

（1）购入环节，需要缴纳契税，税款＝价款 × 契税税率。在购入环节，企业不能享受个人购买住房的税收优惠政策，统一按照 3% 的税率缴纳契税（部分地区可能为 4% 或 5%）。

（2）持有环节，同样以出租为例，假如月租金为 1 000 元。

由于企业只从事投资经营不动产，因此月收入只有 1 000 元的情况下，企业也属于小规模纳税人，享受月收入 15 万元以下免征增值税的优惠政策[①]。

增值税 =0（元）

房产税从租计征按 12% 乘以租金纳税，享受小规模纳税人六税两费减征 50% 的优惠政策。

房产税 =1 000 × 12% × 50%=60（元 / 月）

如果企业的资产总额不超过 5 000 万元，从业人数不超过 300 人，应纳税所得额不超过 300 万元，企业所得税可以享受小微企业的税收优惠政策，年应纳税所得额 100 万元以下的，减按 12.5% 计入应纳税所得额，税率 20%，实际税负为 2.5%；100 万元到 300 万元的部分，减按 25% 计入应纳税所得额，税率 20%，实际税负为 5%；一旦应纳税所得额超过 300 万元，则包含 300 万元在内的全额按照 25% 计税，没有累进[②]。

需要注意，年应纳税所得额需要计算，年应纳税所得额 =

---

① 如果企业还从事其他业务，情况就比较复杂，难以统一量化，且企业持有资产通常是为了未来对外出售股权以避税，往往也只持有不动产，没有其他业务，否则未来卖出股权时难以分割，因此暂不考虑这种情况。

② 当企业应纳税所得额从100万元跳到100万元以上时，其实质是一个超额累进税率；当企业应纳税所得额从300万元跳到300万元以上时，其实质是一个全额累进税率。

（不含税月租金－房产税－增值税×12%^①）×12，假设企业的资产总额和从业人数都满足要求，先将月租金换算成年应纳税所得额，计算企业所得税年平均税负。

$$年平均税负 = \frac{100\,万元 \times 2.5\% + （年应纳税所得额 -100\,万元）\times 5\%}{年应纳税所得额}$$

各种租金情况下税负情况如表 4-14 所示。

表 4-14　公司持有住房出租不同租金下税负情况表

金额：元

月租金（不含税）	年应纳税所得额	企业所得税税负
1 000.00	11 280.00	2.50%
2 000.00	22 560.00	2.50%
3 000.00	33 840.00	2.50%
4 000.00	45 120.00	2.50%
5 000.00	56 400.00	2.50%
10 000.00	112 800.00	2.50%
20 000.00	225 600.00	2.50%
88 652.00	999 993.12	2.50%
100 000.00	1 128 000.00	2.78%
150 001.00	1 573 210.49	3.41%
286 041.00	2 999 998.01	4.17%
1 000 000.00	10 488 000.00	25.00%

从表 4-14 可以看出，当年应纳税所得额在 100 万元以下（月租金临界点位于 8.86 万元左右）时，企业所得税税负恒定为 2.5%；当年应纳税所得额在 100 万元以上、300 万以下（应

---

① 为保持一致，假设住房都位于市区，适用7%的城市维护建设税，加上教育费附加3%和地方教育附加2%后，整体附加税率为12%。

纳税所得额 300 万元的月租金临界点位于 28.6 万元左右）时，企业所得税税负从 2.5% 逐渐增加至 4.17%（由于 300 万元不是全额都按 5% 计税，因此整体税负会低于 5%）。当年应纳税所得额超过 300 万元时（月租金临界点超过 28.6 万元）时，则税负会骤升至 25%。需要注意的是，月租金临界点的计算前提是，全年 12 个月都以同样的金额收取租金，如果租金发生变化，或者没有收满 12 个月，则需要根据具体情况计算月租金临界点。对比个人持有住房或非住房的情况，只要月租金临界点低于 28.6 万元，则出租不动产的所得税，企业比个人交得更少。

因此当月租金 1 000 元时，企业所得税 =（1 000−60）×2.5%=23.5（元／月）[①]，低于个人出租时的个人所得税。

税费合计 = 房产税 + 企业所得税 =60+23.5=83.5（元／月）

税负 =83.5÷1 000=8.35%

因此，在月租金 1 000 元时，虽然企业投资不动产的税负低于个人出租不动产的税负，但整体税负高于个人出租非住房的税负，低于个人出租住房的税负。

当月租金逐渐增加时，做计算表[②]如表 4-15 所示。

---

① 公式中的60元为房产税。

② 当年增值税销售额（月租金×12）不超过500万元时，企业是小规模纳税人，适用5%的增值税征收率；当年增值税销售额超过500万元时（月租金临界点位于41.66万元），企业成为一般纳税人，适用9%的增值税税率。

表 4-15 当月租金逐渐增加时税负情况表

金额：元

月租金 （不含税）	增值税	房产税	企业 所得税	税费合计	税负
1 000.00	0.00	60.00	23.50	83.50	8.35%
2 000.00	0.00	120.00	47.00	167.00	8.35%
3 000.00	0.00	180.00	70.50	250.50	8.35%
4 000.00	0.00	240.00	94.00	334.00	8.35%
5 000.00	0.00	300.00	117.50	417.50	8.35%
10 000.00	0.00	600.00	235.00	835.00	8.35%
20 000.00	0.00	1 200.00	470.00	1 670.00	8.35%
100 000.00	0.00	6 000.00	2 616.67	8 616.67	8.62%
150 001.00	7 500.05	9 000.06	4 953.33	22 353.45	14.90%
1 000 000.00	90 000.00	120 000.00	220 000.00	440 800.00	44.08%
3 000 000.00	270 000.00	360 000.00	660 000.00	1 322 400.00	44.08%

从表 4-15 可以看出，如果企业满足小微企业关于资产总额不超过 5 000 万元和从业人数不超过 300 人的要求，且月租金按全年 12 个月均匀收取[①]，则当月租金低于 10 万元时，整体税负为 8.35%；月租金超过 100 万元后，整体税负逐渐增加至 44.08%。

如果仅持有，不出租，则企业与个人持有非住房的情形一样，需要缴纳房土二税。

（3）企业投资不动产后出售，除了需缴纳增值税和企业所

---

① 如果月租金不是均匀收取或者不是按12个月收取，就不能直接用全年租金除以12来计算平均月租金。因为小规模纳税人免征增值税是按月或按季计算，如果某月销售额超过15万元或某季超过45万元，那么按照全年平均数计算的数据就不准确，需要考虑收入的波动。

得税，还需缴纳印花税和土地增值税，如表 4-16 所示。

表 4-16 企业投资不动产后出售涉税情况表

类型	增值税	印花税	土地增值税	企业所得税
住宅、非住宅	• 小规模企业按照差额的 5% 计税 • 一般纳税人按照 9% 计税，可扣除进项	0.05%	按转让旧房计算	2.5%、5% 或 25%

其中土地增值税计算方式比较复杂，与个人出售非住房相同，因为难以量化，以下计算暂不考虑土地增值税和附加税。

假如不动产购入时为 100 万元，卖出时为 150 万元。月租金 1 000 元，当年没有其他收入，则企业符合小微企业和小规模纳税人的条件，按 2.5% 实际税负计算企业所得税，差额的 5% 计算增值税。

$$年应纳税额 = 增值税 + 企业所得税 + 印花税$$
$$= （卖出价 - 购入价）\times 5\% + （卖出价 - 购入价）\times 2.5\% + 卖出价 \times 0.05\%$$
$$= （150 - 100）\times 5\% + （150 - 100）\times 2.5\% + 150 \times 0.05\%$$
$$\approx 3.83（万元）$$

但是在实践中，如果该企业仅持有不动产也存在一种情形，那就是个人直接出售企业的股权（按照财产转让所得的 20% 缴纳个人所得税而非企业所得税），而不由企业出售资产，以此规避增值税和土地增值税（股权转让无须缴纳增值税和土地增值税）。

此时，买卖价差仍然为 50 万元。

应纳税额 = 个人所得税 + 印花税

$$= （150-100） \times 20\%+150 \times 0.05\%$$

$$\approx 10.08 （万元）$$

虽然 10.08 万元大于前述企业直接出售资产的纳税额 3.83 万元，但 3.83 万元是不含土地增值税的税额，因此，还需要考虑纳入土地增值税的税额进行选择。

企业和个人投资不动产税负对比

（1）购入环节，如果购入的是住房，则个人税负可能更低（家庭一二套房），如果不是家庭一二套房或者购入的是非住房，则企业与个人的税负相同。

（2）持有环节，如果出租住房，则企业和个人的税负对比如表 4-17 所示。

表 4-17 企业和个人出租住房涉税税负对照表

金额：元

月租金（不含税）	企业税负	个人税负	最优持有主体
1 000.00	8.35%	3.80%	个人
2 000.00	8.35%	7.80%	个人
3 000.00	8.35%	9.13%	企业
4 000.00	8.35%	9.80%	企业
5 000.00	8.35%	9.84%	企业
10 000.00	8.35%	9.84%	企业
20 000.00	8.35%	9.84%	企业
100 000.00	8.62%	9.84%	企业
150 001.00	14.90%	11.51%	企业
1 000 000.00	44.08%	11.51%	个人

假如仅持有房屋，不出租，则个人所得税负为零，企业需纳税，因此，仅持有的情况下，个人持有更有利。

如果出租非住房，则企业和个人的税负对比如表 4-18 所示。

表 4-18　企业和个人出租非住房涉税税负对照表

金额：元

月租金（不含税）	企业税负	个人税负	最优持有主体
1 000.00	8.35%	8.84%	企业
2 000.00	8.35%	16.84%	企业
3 000.00	8.35%	19.51%	企业
4 000.00	8.35%	20.84%	企业
5 000.00	8.35%	21.64%	企业
10 000.00	8.35%	23.24%	企业
20 000.00	8.35%	24.04%	企业
100 000.00	8.62%	24.68%	企业
150 001.00	14.90%	26.59%	企业
1 000 000.00	44.08%	26.59%	个人

如果仅持有非住房，不出租，则企业为小规模纳税人的情形下，由于企业和个人都享受六税两费减征优惠政策，企业和个人的税负相同；如果企业是一般纳税人，那么企业不能享受六税两费减征优惠政策，个人持有更有利。

（3）出售环节，由于土地增值税难以计算，且个人出售住房情况比较多样，所以此处不比较个人和企业出售住房的税负。

但需要注意的一个结论是，如果是投资非住房，个人以出售股权的形式出售企业实际持有的资产，税负一定比个人出售非住房要低，因为个人出售非住房和出售股权都要按 20% 的税率缴纳财产转让所得个人所得税和产权转移书据印花税，但个人出售非住房还需缴纳增值税和土地增值税。

如果是企业直接出售非住房和个人直接出售非住房相比，由于小微企业能够享受 2.5% 或 5% 的企业所得税实际税负的优惠政策，比个人出售非住房缴纳的 20% 个人所得税要低，其他税种（增值税、土地增值税、印花税）完全一致，因此，小微企业出售非住房比个人出售更有利。如果企业不满足小微企业的条件，税负变为 25%，那么还是个人出售更有利。

实践中，需根据投资不动产的用途（主要用于出租取得租赁收入，还是持有待售取得溢价）、不动产的租金情况、地理位置、个人和企业享受优惠政策等具体情况考虑持有主体。

投资金融性资产的税负分析

如果个人在非公开市场上购入非上市公司股权，购入价为 100 万元，卖出价为 150 万元，买卖差价 50 万元，按照财产转让所得的 20% 缴纳个人所得税，还涉及万分之五的印花税（购入时按购入价缴纳，卖出时按卖出价缴纳）。此外，取得非上市公司派发的股息，按照 20% 的税率缴纳股息红利所得个人所得税。

如果个人在公开市场上购入上市公司股票，购入价为 100 万元，卖出价为 150 万元，买卖差价为 50 万元，无须纳税，但卖出价 150 万元需按照 0.1% 的税率缴纳印花税。此外，取得上市公司派发的股息，根据持有股票的时间长短，由证券登记结算公司代扣代缴个人所得税，持有 1 年以上的，实际税负 5%，持有 1 个月至 1 年的，实际税负 10%，持有 1 个月以内的，实际税负 20%。

如果个人在公开市场上购入公募基金，则无论是买卖基金的价差，还是持有基金期间取得基金派发的收益，均无须缴纳个人所得税 [①]。

个人如果购入国债或地方政府债，买卖国债或地方政府债的价差按财产转让所得的 20% 缴纳个人所得税，但取得国债或地方政府债派发的收益无须缴纳个人所得税。

4.4 不动产相关问题解答

个人出售不动产纳税归纳

个人出售不动产纳税归纳如表 4-19 所示。

[①] 根据财税字〔1998〕55号，对投资者从基金分配中获得的股票的股息、红利收入以及企业债券的利息收入，由上市公司和发行债券的企业在向基金派发股息、红利、利息时代扣代缴20%的个人所得税，基金向个人投资者分配股息、红利、利息时，不再代扣代缴个人所得税。

表 4-19　个人出售不动产纳税归纳表

类型	情形			增值税	印花税	土地增值税	个人所得税
住宅	购买不足两年			全额的 5%	免征	免征	差额的 20% 或核定（转让自用 5 年以上家庭唯一住房免征个人所得税）
	购买两年以上	北上广深	非普通住房	差额的 5%			
			普通住房	免征			
		其他城市		免征			
非住宅	非自建			差额的 5%	0.05%	按转让旧房计算	
	自建			全额的 5%			

注：捐赠情形下只有个人所得税无须缴纳（由受赠方按偶然所得缴纳，捐赠方不缴纳），其他税种与出售基本一致。

个人购入不动产纳税归纳（仅契税）

个人购入不动产纳税归纳表（仅契税）如表 4-20 所示。

表 4-20　个人购入不动产纳税归纳表（仅契税）

面积	情形	契税税率
90 平方米以下（含）	家庭唯一住房	1%
	家庭二套房（北上广深除外）	
90 平方米以上	家庭唯一住房	1.50%
	家庭二套房（北上广深除外）	2%
不限	家庭三套房或以上	适用税率（3% ~ 5%）
	家庭二套房（北上广深）	

买卖、赠与、继承如何选择

亲人去世后的不动产过户选择

案例：老王的母亲去世了，其名下拥有一套房产，如今这套房产需要过户到老王名下。老王在网上搜索发现，有一些网上的分析结论是，转让税负最优。老王咨询笔者，究竟应该选择转让、赠与还是继承？

我们来对比一下三种情形下的税负差异。我们把继承区分为法定继承人继承和非法定继承人继承；把赠与区分为赠与法定继承人、赠与赡养义务人和赠与其他人。分析如表 4-21 所示。

表 4-21　三种情形下的税负差异

情形	个人所得税			增值税	土地增值税	契税	印花税
	征／免	税目	纳税人				
转让	征（五年以上家庭唯一免征）	财产转让所得	转让人	三种情形：全额的 5%，差额的 5%，免征（根据房屋类型、购买时间、所在城市综合判断）	住房免征，非住房征收	征（家庭一二套有优惠）	住房免征，非住房征收

（续）

情形		个人所得税			增值税	土地增值税	契税	印花税
		征/免	税目	纳税人				
继承	法定继承人继承	不征	不征	不征	不征	不征	不征	住房免征，非住房征收
	非法定继承人继承	不征	不征	不征	不征	住宅免征，赡养义务人免征，非赡养义务人承受非住宅存疑	同转让	
赠与	赠与法定继承人	不征	不征	不征	不征	不征		
	赠与非法定继承人（赡养义务人）	不征	不征	不征	不征	不征	同转让	
	赠与其他人	征	偶然所得	受赠人	视同销售（同转让）	住房免征，非住房是否视同销售存疑		

转让需要缴纳五大税种，税负是最高的，法定继承人继承税负为零，显然是最优的。有读者也许会产生疑问：为什么有一些网上的分析结论是，转让税负最优呢?

其原因在于，2006 年出台了《国家税务总局关于加强房地产交易个人无偿赠与不动产税收管理有关问题通知》（国税发〔2006〕144 号），该文件第二条第二款规定：**受赠人取得赠与人**

无偿赠与的不动产后，再次转让该项不动产的，在缴纳个人所得税时，以财产转让收入减除受赠、转让住房过程中缴纳的税金及有关合理费用后的余额为应纳税所得额，按20%的适用税率计算缴纳个人所得税。

财税〔2009〕78号：一、以下情形的房屋产权无偿赠与，对当事双方不征收个人所得税：

（一）房屋产权所有人将房屋产权无偿赠与配偶、父母、子女、祖父母、外祖父母、孙子女、外孙子女、兄弟姐妹；

（二）房屋产权所有人将房屋产权无偿赠与对其承担直接抚养或者赡养义务的抚养人或者赡养人；

（三）房屋产权所有人死亡，依法取得房屋产权的法定继承人、遗嘱继承人或者受遗赠人。

根据财税〔2009〕78号的表述，继承也属于赠与的一种。因此，144号文件相关条款明确了，如果个人继承住房，那么个人后续将继承得来的住房再转让，即使满足满5年的家庭唯一住房条件（以下简称"满五唯一"），也不能免征个人所得税，而且后续再转让，只能按照继承之前，被继承人取得不动产的成本在个人所得税前扣除。所以，在这种规定下，转让反而能够适用满五唯一的免税优惠政策，继承却不能。

但是，该条款已经废止了，目前各地税务机关也不再执行。国税发〔2005〕172号：四、个人将通过受赠、继承、离婚财产分割等非购买形式取得的住房对外销售的行为，也适用《通知》的有关规定。其购房时间按发生受赠、继承、离婚财产分割行为前的购房时间确定，其购房价格按发生受赠、继承、离婚财产分割行为前的购房原价确定。个人需持其通过受赠、继承、离婚财产分割等非购买形式取得住房的合法、有效法律证明文书，到地方税务部门办理相关手续。

也就是说，继承者也可以享受满五唯一的优惠政策，而且 5 年的判定，以继承前的取得时间为准。

继承后满五唯一如何计算

案例：老王的母亲在 2017 年 1 月购入一套住房，2022 年 3 月老王的母亲去世了，老王通过继承取得该住房，且属于家庭唯一住房，老王继承后立刻出售，是否满足满五唯一免征个人所得税的条件呢？

答案是：满足。因为老王的母亲是 2017 年 1 月取得，2017—2021 年已满 5 年，不需要按照老王的取得时间来计算满五唯一。与所得税相同，增值税也因为住房满 5 年，可以免征。因此，其实继承比转让和赠与更有利，但需要注意以下事项。

（1）目前未开征遗产税，因此继承最有利。

（2）产权所有人去世，法定继承人和非法定继承人承受不动产，个人所得税、增值税、印花税政策相同，契税和土地增值税政策不同。

（3）不动产继承和赠与法定继承人，土地增值税、增值税、个人所得税、印花税均免征，唯一区别在于契税。

根据《中华人民共和国继承法》第二条，继承从被继承人死亡时开始。因此，产权人在世期间的产权转移只能是赠与，不是继承。

国税函〔2004〕1036号：一、对于《中华人民共和国继承法》规定的法定继承人（包括配偶、子女、父母、兄弟姐妹、祖父母、外祖父母）继承土地、房屋权属，不征契税。

二、按照《中华人民共和国继承法》规定，非法定继承人根据遗嘱承受死者生前的土地、房屋权属，属于赠与行为，应征收契税。

（4）不动产赠与法定继承人和非法定继承人（赡养义务人），税收征免情况完全相同，土地增值税、增值税、个人所得税、印花税均免征，需要缴纳契税。

赠与 vs 转让：如何选择

无偿赠与的税负分析

案例：老王向表妹乙无偿赠与一套房屋，由表妹负担赠与过程中的所有税费。表妹提出，不如由老王直接作价转让给自己，税负更低。表妹的说法对吗？

除非是赠与配偶、父母、子女、祖父母、外祖父母、孙子女、外孙子女、兄弟姐妹（指亲兄弟姐妹，表亲、堂亲、姻亲的兄弟姐妹都不包含在内），受赠人无须纳税，否则捐赠房屋的税费（表妹不属于兄弟姐妹，不享受免税政策）比转让房屋更高。原因在于：捐赠时，受赠方要按照房屋市价的20%缴纳"偶然所得"个人所得税，如果是正常转让，捐赠方可以按（房屋市价－取得原值）的 20% 缴纳"财产转让所得"个人所得税，与偶然所得相比，有扣除项目，如果是自用 5 年以上的家庭唯一住房，还可以享受免税待遇（免征个人所得税）。

转让也可能按照当地规定的征收率，直接按房屋转让价款乘以征收率计税，征收率一般为 1% ~ 5% 不等，根据房屋类型（如住宅和非住宅）和面积有所不同。在房价上涨时期，适用征收率可能会比差额 20% 计税税负更低（一般而言，无法提供原值发票时可适用征收率）。

就转让不动产的其他税费（增值税、土地增值税、印花税、契税）而言，捐赠与转让所交税款并无差别。

因此，一般而言，转让房产的税负比捐赠更低。需要注意的是，如果将本例中的捐赠变为转让，在签订转让合同时可以根据房屋的瑕疵适当折价（折价需具有商业合理性），制定一个较低的价格，如市价的 60% ~ 70%，以免多交税款。但是各地二手房交易中心通常有系统最低限价（不同街道或小区的限价都不同，根据实时交易价格更新），当转让价格低于系统最低限价时，会被认定为价格明显偏低，按限价征税[①]。

---

① 《中华人民共和国个人所得税法》第八条　有下列情形之一的，税务机关有权按照合理方法进行纳税调整：

（一）个人与其关联方之间的业务往来不符合独立交易原则而减少本人或者其关联方应纳税额，且无正当理由；

（二）居民个人控制的，或者居民个人和居民企业共同控制的设立在实际税负明显偏低的国家（地区）的企业，无合理经营需要，对应当归属于居民个人的利润不作分配或者减少分配；

（三）个人实施其他不具有合理商业目的的安排而获取不当税收利益。

税务机关依照前款规定作出纳税调整，需要补征税款的，应当补征税款，并依法加收利息。

个人捐赠 vs 出售不动产个人所得税

假设房屋为住宅，坐落在北上广深以外的城市，老王自取得至今已满 2 年未满 5 年。房屋市价为 100 万元（不含税），老王原取得成本为 70 万元（不含税），能够提供发票，当地住宅转让个人所得税征收率为 1%。

捐赠：表妹应按偶然所得缴纳个税。

应交税额 =100×20%=20（万元）

出售：如果老王提供购入时 70 万元的发票，查账征收。

应交纳额 =（100−70）×20%=6（万元）

如果老王不提供发票，核定征收。

应交税额 =100×1%=1（万元）

老王转让的住房未满 5 年，不享受个人所得税免税政策。

对比捐赠和出售，只有个人所得税存在不同，其他税种纳税情况基本一致。捐赠时应缴纳个人所得税 20 万元，出售时应缴纳个人所得税 6 万元或 1 万元，明显出售方式的税负更低。

并且表妹后续再转让房产时，如果是受赠取得，可以扣除的成本为原捐赠人取得的成本 70 万元及转让过程的相关税费；如果是购买取得，可以扣除的成本为购买取得的成本 100 万元及转让过程的相关税费。因此，选择转让而非捐赠，不止在本环节更有利，在后续的转让环节，税负也更低（可扣除成本金额更大）。

赠与人是否需要将赠与行为视同销售

笔者认为不需要。

在 2018 年公布的《中华人民共和国个人所得税法实施条例（修订草案征求意见稿）》中第十六条规定：**个人发生非货币性资产交换，以及将财产用于捐赠、偿债、赞助、投资等用途的，应当视同转让财产并缴纳个人所得税，但国务院财政、税务主管部门另有规定的除外。**

由于群众反响较大，专家学者也提出异议，后续颁布施行的实施条例中并无此条。因此，目前个人所得税中并无视同销售条款。

根据财政部 税务总局公告 2019 年第 74 号第二条：**房屋产权所有人将房屋产权无偿赠与他人的，受赠人因无偿受赠房屋取得的受赠收入，按照偶然所得项目计算缴纳个人所得税。**

因此，受赠人需要按偶然所得交税。如果赠与人需要将捐赠视同销售再交一道税，那么在同一环节，就会出现双方同时交个人所得税的情况，与法理不符，也会大大打击个人捐赠的积极性。

在反避税条款（《中华人民共和国个人所得税法》第八条）中，仅规定了对不符合独立交易原则的关联交易和无合理理由不分配利润的受控外国企业进行纳税调整，未规定视同销售。综上所述，个人捐赠不动产，由受让方纳税，转让方无须纳税。目前各地税务局基本均按此口径执行。

　　根据财税〔2009〕78号第五条[①]，受赠人转让受赠房屋的，以其转让受赠房屋的收入减除原捐赠人取得该房屋的实际购置成本以及赠与和转让过程中受赠人支付的相关税费后的余额，为受赠人的应纳税所得额，依法计征个人所得税。

　　由于受赠人再转让受赠房屋时，只能扣除原捐赠人的取得成本，而不是捐赠时该房屋的市价，因此，仅就财产转让所得而言，仍然没有减少整个过程的税基，只是递延了纳税时间。从这个角度看，捐赠人在捐赠环节也无须纳税，否则会造成重复纳税。

继承等方式取得的不动产再转让如何纳税

　　继承取得房产再转让与正常转让政策相同，只是取得时间按发生受赠、继承、离婚财产分割行为前的购房时间确定，可扣除的购房成本按发生受赠、继承、离婚财产分割行为前的购房原价确定。[②]

---

① 财税〔2009〕78号第五条：五、受赠人转让受赠房屋的，以其转让受赠房屋的收入减除原捐赠人取得该房屋的实际购置成本以及赠与和转让过程中受赠人支付的相关税费后的余额，为受赠人的应纳税所得额，依法计征个人所得税。受赠人转让受赠房屋价格明显偏低且无正当理由的，税务机关可以依据该房屋的市场评估价格或其他合理方式确定的价格核定其转让收入。

② 国税发〔2005〕172号："四、个人将通过受赠、继承、离婚财产分割等非购买形式取得的住房对外销售的行为，也适用《通知》的有关规定。其购房时间按发生受赠、继承、离婚财产分割行为前的购房时间确定，其购房价格按发生受赠、继承、离婚财产分割行为前的购房原价确定。个人需持其通过受赠、继承、离婚财产分割等非购买形式取得住房的合法、有效法律证明文书，到地方税务部门办理相关手续。"

不动产转让满 2 年按发票时间还是产权证时间确认

案例: 老王 2019 年 5 月转让位于北上广深之外城市的某住房,房屋产权证载时间为 2017 年 9 月,契税完税凭证和发票所载时间为 2017 年 4 月。老王咨询笔者,能否享受免征增值税政策?

答案是可以。根据国税发〔2005〕172 号第三条:

纳税人申报时,同时出具房屋产权证和契税完税证明且二者所注明的时间不一致的,按照"孰先"的原则确定购买房屋的时间。即房屋产权证上注明的时间早于契税完税证明上注明的时间的,以房屋产权证明的时间为购买房屋的时间;契税完税证明上注明的时间早于房屋产权证上注明的时间的,以契税完税证明上注明的时间为购买房屋的时间。

本例中契税完税凭证在前,因此按契税完税凭证注明的时间计算已满 2 年,可以享受增值税优惠政策。

(1)实践中,契税完税凭证和发票时间很可能不一样甚至相差甚远,这是因为发票是房地产开发企业自行开具的,通常在交房时即可取得。但是,房地产开发企业在代收契税后,并不一定会立即入库,可能是在办理产权证前再向税务机关申报缴纳。办理产权证的时间和交房时间有时会相差 2 ~ 3 年,此时,仍以契税完税凭证和产权证所载时间为准,部分税务局可能认可发票时间,但没有全国性政策依据支持,存在风险。

因此,购房者可根据个人情况选择自行缴纳契税,以便早日拿到契税完税凭证。

(2)国税发〔2005〕172 号主要针对的是增值税优惠政策,

并未明确满五唯一住房对外销售免征个人所得税是否适用该规定。实践中，部分地区参考此政策，以当地规定为准（也有按网签合同时间或合同签订日期的）。

（3）如果原取得方式是根据国家房改政策购买的公有住房，则以购房合同的生效时间、房款收据的开具日期或房屋产权证上注明的时间，按照"孰先"的原则确定购买房屋的时间。

名下已有商铺的家庭首次购买住房，契税是否算首次

案例： 老王无配偶和未成年子女，名下有一商铺，无住房。2019 年 11 月，老王购买一套住房，面积在 90 平方米以下。老王咨询笔者，能否享受首套房契税优惠政策？

答案是可以。根据财税〔2016〕23 号第一条和第二条，个人购买家庭唯一住房和第二套改善性住房的，可享受税收优惠政策。已有商铺再购住房，也是购买家庭唯一住房，可以享受首套房优惠政策。

财税〔2016〕23 号文件还对二套房做了解释：家庭第二套改善性住房是指已拥有一套住房的家庭，购买的家庭第二套住房。[①] 由此可以看出，二套房的定义也是两套住房，商铺不参与计算。

---

① 财税〔2016〕23 号：一、关于契税政策

（一）对个人购买家庭唯一住房（家庭成员范围包括购房人、配偶以及未成年子女，下同），面积为 90 平方米及以下的，减按 1% 的税率征收契税；面积为 90 平方米以上的，减按 1.5% 的税率征收契税。

（二）对个人购买家庭第二套改善性住房，面积为 90 平方米及以下的，减按 1% 的税率征收契税；面积为 90 平方米以上的，减按 2% 的税率征收契税。

家庭第二套改善性住房是指已拥有一套住房的家庭，购买的家庭第二套住房。

4.5　股权代持注意事项

老王想要投资一家公司的股权，出于隐私考虑，不想直接持有，于是考虑股权代持方式。股权代持有什么风险呢？需要注意哪些问题？

首先，股权代持最重要的是规避法务风险，即代持人后续不愿归还的法律纠纷。某些代持合同的名称不规范，也会引起法律风险，比如"股权投资协议""股权代投资协议"就是不规范的表述，代理投资和代持是完全不同的两个概念，可能因为表述不清引发代持风险。另外，代持协议一定要写明回购条款，最好是单独签订代持转回协议，日期留白，明确以何种方式转回。

其次，代持涉及比较复杂的税务问题。

案例：股权代持还原后的个人税务问题

（1）A（个人，名义股东）代B（个人，实际股东）持有某公司 10% 的股份，认缴出资 20 万元，公司注册资本 200 万元。两人签署股权代持协议，保留银行转账凭证。

（2）机构投资人C以 5 000 万元投后估值，增资 1 000 万元，占股 20%。此时名义股东 A 的持股比例稀释 20% 后变成 8%，股权价值为 5 000 万元乘以 8% 等于 400 万元。

（3）此时实际股东 B 希望做股权代持的还原，把名义股东 A 的持股变更到 B。

问题：公司的估值增长后，股权价值产生账面增值（20 万元到 400 万元），B 能否出资 20 万元平价受让名义股东 A 的股份？是否涉及个人所得税？税务机关是否认可股权代持还原，从而避免该环节的实际纳税？

宁波相关部门有个问答，基本说明不认可股权代持还原，但实践中要看当地税务机关的口径。

《宁波市地方税务局企业所得税热点政策问答（二）》问：目前有企业提出代持股份转让事项，其提供的资料主要包括代持股份的合同、公证等资料，它们认为代持股份作为一种股权处理方式在实务中是存在的，法律并未禁止，从《合同法》理解一般属于委托代理关系。但《公司法》《公司注册资本登记管理规定》中规定，股东或者发起人必须以自己的名义出资，股份公司仅承认登记在股份公司股东名册的股东的权利、义务。请明确税务如何对待？

答：纳税人采用法律许可或不禁止的方式代持的股份发生转让的，仍应按纳税人名义上采用的具体方式所对应的纳税义务进行纳税，股份依法登记的形式所有人为纳税人，税务部门应依法征税，另有规定的除外。

此外，如果是企业代个人持有股份，适用 2011 年 39 号公告：

企业转让代个人持有的限售股征税问题

因股权分置改革造成原由个人出资而由企业代持的限售股，企业在转让时按以下规定处理：

（一）企业转让上述限售股取得的收入，应作为企业应税收入计算纳税。

上述限售股转让收入扣除限售股原值和合理税费后的余额为该限售股转让所得。企业未能提供完整、真实的限售股原值凭证，不能准确计算该限售股原值的，主管税务机关一律按该限售股转让收入的15%，核定为该限售股原值和合理税费。

依照本条规定完成纳税义务后的限售股转让收入余额转付给实际所有人时不再纳税。

（二）依法院判决、裁定等原因，通过证券登记结算公司，企业将其代持的个人限售股直接变更到实际所有人名下的，不视同转让限售股。

4.6 司法拍卖买房避坑指南

近年来，司法拍卖风头正盛，成为许多人投资或避开限购的方式。需要注意的是，司法拍卖中存在一些交易陷阱。

司法拍卖虽火，但存在一些涉税问题，有些司法拍卖的税款全部由买方承担，如果卖方是个人，就还好，因为在当下的卖方市场中，二手房交易通常也是买家包税；假如卖方是企业，其中就存在一定的风险。为什么这么说？

个人销售住房的税收：除了北上广深，大部分地区免征土地增值税，个人所得税通常为核定 1%，如果住房满足满五唯一的条件，卖方免征个人所得税，买方就无须替卖方纳税，只需要交过户的契税，而契税本身就应当由买方负担，无论买新房还是二手房都需要缴纳。要注意的是，非住宅（如商铺、车位）不适用上述免征政策。

从税收方面讲，司法拍卖主要的坑是买家包税，尤其是近年来破产的企业较多，参加司法拍卖前，大家一定要擦亮眼睛，看清楚卖方是个人还是企业，尽可能了解卖方的情况，厘清应该交多少税。涉及企业卖方的，尤其要当心，因为有些企业处在破产边缘，欠的可能不仅是这一套房子的税，而只要企业欠税，就很可能无法开具发票，没有发票，房产就无法过户。在过去，就发生过买方不仅承担了司法拍卖涉及卖方应交的税，还承担了卖方其他欠缴的税款。本来参加司法拍卖，是为了以比较低的价格去买房，最后却花了更多钱，还不如直接买一套正常交易的住房。

4.7 纳税与不纳税项目详解

我们一生会取得许许多多的收入，究竟哪些是要纳税的，哪些是不纳税的呢？

纳税项目：9 项所得

目前我国的个人所得税税目共 9 项，其中前 4 项为综合所得：工资薪金、劳务报酬、稿酬、特许权使用费，这 4 项所得的共同特点是，属于劳动性报酬，个人取得这些所得依靠的是劳动力和智力，所以合并为一项综合所得；第 5 项为经营所得；后 4 项为分类所得：利息股息、财产租赁、财产转让、偶然所得。

案例：任职受雇——不分名目计入工资薪金

老王在一家公司任职受雇，从这家公司取得的所有收入，无论以何种名目[①]取得，都应并入工资薪金计税。同时，老王又在本单位以外的地方兼职，兼职收入属于劳务报酬所得；在其他报社、杂志社、出版社出版图书或发表文章，取得的收入

---

① 如在房地产企业任职的，可能因推荐购房取得佣金；在报社任职的，可能因文章发表取得稿酬；在同一家公司既是职工又担任董事，可以额外取得董事费等。

属于稿酬所得；申报了一项专利，许可给他人使用，取得收入，属于特许权使用费所得。以上4项所得，在年度中间取得时，均由支付所得的人[1]按照各单项规定代扣代缴个人所得税，年度终了后，于次年3月1日至6月30日，由个人对以上4项收入合并，扣除4项扣除项目[2]后，自行汇算清缴，适用"综合所得"3%～45%的累进税率。

以下劳动性收入不并入综合所得

需要注意的是，有一小部分收入，虽然也属于劳动性所得，但不并入综合所得计税，而是单独计税，包括一次性离职补偿[3]、股权激励、年终奖[4]、提前退休的一次性补偿收入、取得单位低价售房的差价收入。

如果年终奖在一年内分多次发放，分次发放的应合并为一次年终奖单独计税，或者选择其中一次单独计税，剩余次数发放的并入综合所得计税。

案例：个体经营——给自己发工资怎么纳税

随着自媒体兴起，老王也成立了一个个体户，从事自媒体

---

[1] 根据《中华人民共和国个人所得税法》无论支付所得的人是单位还是个人，均负有扣缴义务。

[2] 基本减除费用60 000元、专项附加扣除等。

[3] 由于有免税政策，放在不纳税项目中解析。

[4] 全年一次性奖金，不包含月度、季度、半年奖等，可以选择单独计税或并入综合所得计税。

经营，取得的收入属于经营所得。与企业所得税类似，个体经营以权责发生制为原则，以每一纳税年度的收入总额，减除成本、费用、税金、损失、其他支出以及允许弥补的以前年度亏损后的余额，为应纳税所得额，按季度预缴，年度终了后 3 个月内汇算清缴，适用"经营所得"5% ～ 35% 的累进税率。四项扣除项目可以选择在综合所得或经营所得中扣除。需要注意的是，根据《国家税务总局个体工商户个人所得税计税办法》国家税务总局令第 35 号第二十一条：个体工商户实际支付给从业人员的、合理的工资薪金支出，准予扣除。个体工商户业主的费用扣除标准，依照相关法律、法规和政策规定执行。个体工商户业主的工资薪金支出不得税前扣除。

　　个体户老王给自己（个体工商户业主）发的工资不需要代扣代缴"工资薪金所得"个人所得税，而是并入经营所得纳税；但老王聘请的其他从业人员，如编导、后期制作人员等的工资薪金，需要代扣代缴"工资、薪金所得"个人所得税，不并入经营所得计税。

经营所得疑难案例问答

两处经营所得的盈利和亏损，能否抵减

　　案例：2019 年个人甲从两处取得生产经营所得，均为对企事业单位承包承租所得，其中一处亏损 20 万元，另一处盈利 30 万元。

问：20万元的亏损能否抵减30万元的盈利？

答：《国家税务总局关于个人所得税自行纳税申报有关问题的公告》（国家税务总局公告2018年第62号）第二条规定如下。

二、取得经营所得的纳税申报

个体工商户业主、个人独资企业投资者、合伙企业个人合伙人、承包承租经营者个人以及其他从事生产、经营活动的个人取得经营所得，包括以下情形：

（一）个体工商户从事生产、经营活动取得的所得，个人独资企业投资人、合伙企业的个人合伙人来源于境内注册的个人独资企业、合伙企业生产、经营的所得；

（二）个人依法从事办学、医疗、咨询以及其他有偿服务活动取得的所得；

（三）个人对企业、事业单位承包经营、承租经营以及转包、转租取得的所得；

（四）个人从事其他生产、经营活动取得的所得。

纳税人取得经营所得，按年计算个人所得税，由纳税人在月度或季度终了后15日内，向经营管理所在地主管税务机关办理预缴纳税申报，并报送《个人所得税经营所得纳税申报表（A表）》。在取得所得的次年3月31日前，向经营管理所在地主管税务机关办理汇算清缴，并报送《个人所得税经营所得纳税申报表（B表）》；从两处以上取得经营所得的，选择向其中一处经营管理所在地主管税务机关办理年度汇总申报，并报送《个人所得税经营所得纳税申报表（C表）》。

根据以上内容，甲需报送《个人所得税经营所得纳税申报表（C 表）》，如表 4-22 所示。

表 4-22　个人所得税经营所得纳税申报表（C 表）

税款所属期：　　年　月　日至　　年　　日
纳税人姓名：
纳税人识别号：□□□□□□□□□□□□□□□□□□□

金额单位：人民币元（列至角分）

被投资单位信息		单位名称	纳税人识别号（统一社会信用代码）	投资者应纳税所得额
	汇总地			
	非汇总地	1		
		2		
		3		
		4		
		5		

项目	行次	金额 / 比例
一、投资者应纳税所得额合计	1	
二、应调整的个人费用及其他扣除（2=3+4+5+6）	2	
（一）投资者减除费用	3	
（二）专项扣除	4	
（三）专项附加扣除	5	
（四）依法确定的其他扣除	6	
三、应调整的其他项目	7	
四、调整后应纳税所得额（8=1+2+7）	8	
五、税率（%）	9	
六、速算扣除数	10	
七、应纳税额（11=8×9-10）	11	

（续）

项目	行次	金额 / 比例
八、减免税额（附报《个人所得税减免税事项报告表》）	12	
九、已缴税额	13	
十、应补 / 退税额（14=11-12-13）	14	

谨声明：本表是根据国家税收法律法规及相关规定填报的，是真实的、可靠的、完整的。

纳税人签字：　　　　年　　月　　日

经办人：	受理人：
经办人身份证件号码：	
代理机构签章：	受理税务机关（章）：
代理机构统一社会信用代码：	受理日期：　　　年　　月　　日

从申报表可以看出，投资者应纳税所得额应合并计算，且填表说明中提到：第1行"投资者应纳税所得额合计"填写"投资者从其各投资单位取得的年度应纳税所得额的合计金额"，并无例外规定，因此可以相互抵减。[①]

个体工商户的增值税可以抵扣进项税额吗

答：个体工商户也分一般纳税人和小规模纳税人（一般按

[①] 《关于个人独资企业和合伙企业投资者征收个人所得税的规定》（财税〔2000〕91号）第十四条规定，投资者兴办两个或两个以上企业的，企业的年度经营亏损不能跨企业弥补。

但91号文只规定了个人独资企业和合伙企业不能跨企业弥补亏损，但未提及个体工商户和对企业承包承租等的经营所得，可能会有地方税务局参照执行。

销售额划分），一般纳税人取得增值税专用发票及其他扣税凭证可以抵扣进项税额，小规模纳税人不能抵扣进项税额。

如何区分"劳务报酬"和"经营所得"

答：根据国税函发〔1996〕658 号对内蒙古自治区地方税务局的回复，个人经政府有关部门批准并取得执照举办学习班、培训班的，其取得的办班收入属于"经营所得"应税项目；个人无须经政府有关部门批准并取得执照举办学习班、培训班的，其取得的办班收入属于"劳务报酬所得"应税项目。

同样，笔者认为，凡是需要取得执照（包括营业执照但不一定是营业执照）或者行政许可等提供的服务属于"经营所得"，无须取得政府部门颁发的任何执照或许可就提供服务的，属于劳务报酬所得。

个体工商户的亏损能否结转以后年度弥补

答：根据《国家税务总局个体工商户个人所得税计税办法》国家税务总局令第 35 号：

第七条　个体工商户的生产、经营所得，以每一纳税年度的收入总额，减除成本、费用、税金、损失、其他支出以及允许弥补的以前年度亏损后的余额，为应纳税所得额。

…………

第十七条　个体工商户纳税年度发生的亏损，准予向以后年度结转，用以后年度的生产经营所得弥补，但结转年限最长不得超过五年。

所以个体工商户的亏损可以结转，但结转年限不超过 5 年。

个体工商户和合伙企业个人合伙人的个人所得税计算逻辑一样吗

答：一样，它们适用同样的经营所得申报表，都不能据实扣除投资者个人的工资。

投资收益：利息股息红利所得

老王投资一家公司，无论上市公司还是非上市公司，无论取得固定收益的借款性质还是取得浮动收益的股权性质，取得被投资企业派发的利息股息，都按照"利息、股息、红利所得"的 20% 缴纳个人所得税，没有任何扣除项，全额纳税。但根据财税〔2015〕101 号："个人从公开发行和转让市场取得的上市公司股票，持股期限超过 1 年的，股息红利所得暂免征收个人所得税。个人从公开发行和转让市场取得的上市公司股票，持股期限在 1 个月以内（含 1 个月）的，其股息红利所得全额计入应纳税所得额；持股期限在 1 个月以上至 1 年（含 1 年）的，暂减按 50% 计入应纳税所得额；上述所得统一适用 20% 的税率计征个人所得税。"对于上市公司派发的股息，有差别性股息红利减免税政策[1]，如表 4-23 所示。

---

[1] 财税〔2015〕101 号　二、上市公司派发股息红利时，对个人持股1年以内（含1年）的，上市公司暂不扣缴个人所得税；待个人转让股票时，证券登记结算公司根据其持股期限计算应纳税额，由证券公司等股份托管机构从个人资金账户中扣收并划付证券登记结算公司，证券登记结算公司应于次月5个工作日内划付上市公司，上市公司在收到税款当月的法定申报期内向主管税务机关申报缴纳。

表 4-23　个人持有上市公司股票取得分红应纳税情况

持有上市公司股票取得分红	税收优惠政策	实际税负
持股期限在 1 个月以内（含 1 个月）	无	20%
持股期限在 1 个月以上至 1 年（含 1 年）	减按 50% 计入应纳税所得额	10%
持股期限超过 1 年	暂免征收个人所得税	0%

有形动产租赁 vs 无形资产租赁

老王拥有一处房产或车辆，对外出租，取得的收入属于财产租赁所得，按照 20% 纳税（个人出租住房减按 10% 纳税）。需要注意的是，出租无形资产使用权，比如专利权、著作权等，不属于财产租赁，根据具体情况区分是稿酬所得还是特许权使用费所得（因为专利权和著作权属于劳动性所得，而非财产性所得）。财产租赁所得的应纳税所得额，为租金扣除一定减除费用后的余额[①]。

财产转让：股票溢价不纳税

老王将持有的房产、非上市公司股权或上市公司股票、车辆等进行转让，均属于财产转让所得，按照卖出价减去买入价及相关税费后的余额，适用 20% 的税率纳税；其中个人转让住房不享受税收优惠政策（只有出租住房享受），但个人转让上市公司的股票免税（上市前就持有股权的限售股除外）。

---

① 《中华人民共和国个人所得税法》第 6 条第 4 项规定：财产租赁所得，每次收入不超过 4 000 元的，减除费用 800 元；4 000 元以上的，减除 20% 的费用，其余额为应纳税所得额。以一个月内取得的收入为一次。

分次收到股权转让款如何纳税

案例：B 公司以 200 万元对价收购老王持有 A 公司的股权，约定其中 100 万元于 2019 年 1 月 1 日支付，另外 100 万元于 2019 年 6 月 1 日后支付。个税应该怎样缴纳？是一开始就必须都交完，还是可以按照支付款项的进度交？

根据国家税务总局公告 2014 年第 67 号第七条："股权转让收入是指转让方因股权转让而获得的现金、实物、有价证券和其他形式的经济利益。"第九条："纳税人按照合同约定，在满足约定条件后取得的后续收入，应当作为股权转让收入。"要达到约定条件之后的收入，才作为股权转让收入，那么分次支付的股权转让款，通常有付款时间节点，比如 6 月 1 日后（满足约定的时间条件）付 50% 或取得某某证照后（满足约定的行为条件）付 50%，都需要在满足条件后付款，6 月 1 日或取得预售证前支付的价款，很显然还没有满足约定条件，因此后续收入不作为本次的股权转让收入。待后续满足约定条件后，再计算纳税。

偶然所得：网络红包也要纳税

最后一项偶然所得，突出的是偶然。

👑 案例：直播间拆福袋也要纳税

老王观看直播时，拆福袋中了 500 元现金或实物奖品，属于偶然所得，应由直播间代扣代缴个人所得税，税率为 20%，全额纳税，没有任何扣除项，也就是说，哪怕所中奖品是一个价值 0.5 元的棒棒糖，也负有纳税义务，应纳税额 =0.5×20%=0.1（元）。如果老王观看直播时，不是拆福袋中奖，而是购买直播间的商品，获赠 500 元现金红包或实物奖品，就不是"偶然"所得，无须纳税。①

要注意的是，如果直播间是在购买商品的观看者之中抽奖，那么这时虽然中奖是有前提的，仍然是"偶然"所得。这样的情形很常见，比如在某短视频平台的直播间，需要支付一定金额进入粉丝团或者购买一定商品才能拆福袋，又如在某些 App 上，需要支付 1 分或者 1 元才能参与抽奖，再如在某企业为宣传活动建立的微信群里抢到拼手气红包②，例如参加其他单位年

---

① 《财政部　国家税务总局关于企业促销展业赠送礼品有关个人所得税问题的通知》财税〔2011〕50 号中规定：一、企业在销售商品(产品)和提供服务过程中向个人赠送礼品，属于下列情形之一的，不征收个人所得税：

　　1.企业通过价格折扣、折让方式向个人销售商品（产品）和提供服务；

　　2.企业在向个人销售商品（产品）和提供服务的同时给予赠品，如通信企业对个人购买手机赠话费、入网费，或者购话费赠手机等；

　　3.企业对累积消费达到一定额度的个人按消费积分反馈礼品。

　　二、企业向个人赠送礼品，属于下列情形之一的，取得该项所得的个人应依法缴纳个人所得税，税款由赠送礼品的企业代扣代缴：

　　…………

　　3.企业对累积消费达到一定额度的顾客，给予额外抽奖机会，个人的获奖所得，按照"偶然所得"项目，全额适用 20% 的税率缴纳个人所得税。

② 《财政部　税务总局公告关于个人取得有关收入适用个人所得税应税所得项目的公告》财政部　税务总局公告 2019 年第 74 号规定：企业在业务宣传、广告等活动中，随机向本单位以外的个人赠送礼品（包括网络红包，下同），以及企业在年会、座谈会、庆典以及其他活动中向本单位以外的个人赠送礼品，个人取得的礼品收入，按照"偶然所得"项目计算缴纳个人所得税，但企业赠送的具有价格折扣或折让性质的消费券、代金券、抵用券、优惠券等礼品除外。

　　财政部　税务总局公告 2019 年第 74 号把网络红包纳入了缴税范围，但前提是企业发放的红包，亲戚朋友之间发放的红包或赠送的礼品均无须纳税，因购买企业商品获得的企业发放的定向红包不是偶然所得，属于销售折让或折扣，也无须纳税。

会或宣传会时意外中奖（参加本单位年会中奖的，属于任职受雇产生的"工资薪金所得"），这些所得都属于偶然所得，需要按照20%纳税。虽然囿于征管限制，目前实操中大部分没有扣缴税款，但不代表纳税义务没有发生。

担保和受赠房产也是偶然所得

有一些看起来不像是"偶然"所得的所得，也被明文列入"偶然所得"征税。

（1）个人为他人提供担保取得的担保收入。这里主要指个人作为保证人，以其自身的资产和信誉为债务人进行担保，当债务人不履行或无法履行或延迟履行债务时，担保人需按照约定履行债务或承担责任。比如老王的朋友急需用钱，向银行贷款，银行认为老王的朋友存在可能无法还款的风险，于是老王的朋友找到老王提供担保，并向老王支付一笔感谢费，这笔感谢费实质上就是担保收入。担保服务具有高风险特性，不属于劳动性收入，因此不是综合所得，担保行为也具有较强的偶然性，不是经常性收入，因此纳入偶然所得。

（2）无偿受赠房产取得的受赠收入。根据财政部 税务总局公告2019年第74号第二条"房屋产权所有人将房屋产权无偿赠与他人的，受赠人因无偿受赠房屋取得的受赠收入，按照'偶然所得'项目计算缴纳个人所得税"，需要按照"偶然所得"项目计算缴纳个人所得税，但是继承和赠与配偶、父母、子女、祖父母、外祖父母、孙子女、外孙子女、兄弟姐妹（三代以内）、承担直接抚养或者赡养义务的抚养人或者赡养人除外。^①其应纳税所得额为房地产赠与合同上标明的赠与房屋价值减除赠与过程中受赠人支付的相关税费后的余额。赠与合同标明的房屋价值如果明显低于市场价格或房地产赠与合同未标明赠与房屋价值的，税务机关可依据受赠房屋的市场评估价格或者采取其他合理方式确定受赠人的应纳税所得额。

如果老王意外受赠一套房屋，对方不是老王的亲戚，老王也没有承担赡养或抚养义务，那么老王需要按照这套房屋的市场价值减去老王承受房屋时缴纳的税费，按照 20% 纳税。虽然受赠房屋是定向的（如果不是定向受赠，而是中奖所得，也属于偶然所得），但由于此类事件极少发生，具有偶然性，所以纳入偶然所得。

👑 案例：买房额外抽奖中的购物卡，是否纳税

个人甲于 2019 年购买一套房屋，购房时正值购房抽奖活动，

---

① 财政部 税务总局公告2019年第74号

二、房屋产权所有人将房屋产权无偿赠与他人的，受赠人因无偿受赠房屋取得的受赠收入，按照"偶然所得"项目计算缴纳个人所得税。按照《财政部 国家税务总局关于个人无偿受赠房屋有关个人所得税问题的通知》（财税〔2009〕78号）第一条规定，符合以下情形的，对当事双方不征收个人所得税：

（一）房屋产权所有人将房屋产权无偿赠与配偶、父母、子女、祖父母、外祖父母、孙子女、外孙子女、兄弟姐妹；

（二）房屋产权所有人将房屋产权无偿赠与对其承担直接抚养或者赡养义务的抚养人或者赡养人；

（三）房屋产权所有人死亡，依法取得房屋产权的法定继承人、遗嘱继承人或者受遗赠人。

前款所称受赠收入的应纳税所得额按照《财政部 国家税务总局关于个人无偿受赠房屋有关个人所得税问题的通知》（财税〔2009〕78号）第四条规定计算。

甲抽得二等奖购物卡 3 000 元。房地产企业拟代扣代缴个人所得税，甲却认为，该所得属于买房赠送，只有业主才能参与，因此不应扣缴个人所得税。

问：是否需要纳税？

答：应当按"偶然所得"代扣代缴个人所得税。

根据《财政部 国家税务总局关于企业促销展业赠送礼品有关个人所得税问题的通知》（财税〔2011〕50 号）第二条第三款，企业对累积消费达到一定额度的顾客，给予额外抽奖机会，个人的获奖所得，按照"偶然所得"项目，全额适用 20% 的税率缴纳个人所得税。甲是因为消费获得了抽奖机会而中奖，适用本政策交税。

如果本例改为，个人甲于 2019 年购买一套房屋，购房时正值购房送购物卡活动，甲获得购物卡 3 000 元，则不需要纳税。

购物抽奖和彩票中奖是一个道理，都要纳税，但如果是购物送礼品，则不属于征税范围。关键看是达到条件就一定会发生，还是达到条件后还需要抽奖才能获得（存在一定概率不能获得）。

案例：赔偿损失赠送的物业费，是否纳税

个人甲于 2019 年购买一套房屋，交房验收时，发现有轻微漏水现象，物业公司提出赠送一年物业费作为赔偿。

问：是否需要缴纳个人所得税？

答：赔偿损失不是受赠所得，不属于偶然所得，无须缴纳个人所得税。

案例：房地产企业对买房的客户赠送家电是否纳税

A 公司在开盘当日，对签订合同的所有客户，赠送电饭煲一台（买房送家电）。

问：是否需要代扣代缴客户的个人所得税？

答：根据财税〔2011〕50 号第一条规定，企业在向个人销售商品（产品）和提供服务的同时给予赠品，不征收个人所得税。房地产企业对买房的客户赠送家电，属于销售商品的同时给予赠品，因此无须代扣代缴个人所得税。[①]

此外，A 公司是否需要视同销售缴纳增值税？如果视同销售，以何依据为视同销售金额？

根据《中华人民共和国增值税暂行条例实施细则》第四条规定，将自产、委托加工或者购进的货物无偿赠送其他单位或个人，视同销售货物。房地产企业对买房的客户赠送家电，属于将购进的货物无偿赠送给个人，因此增值税视同销售，进项

[①]　《财政部 国家税务总局关于企业促销展业赠送礼品有关个人所得税问题的通知》（财税〔2011〕50号）第一条

　　企业在销售商品（产品）和提供服务过程中向个人赠送礼品，属于下列情形之一的，不征收个人所得税：

　　（1）企业通过价格折扣、折让方式向个人销售商品（产品）和提供服务；

　　（2）企业在向个人销售商品（产品）和提供服务的同时给予赠品，如通信企业对个人购买手机赠话费、入网费，或者购话费赠手机等；

　　（3）企业对累积消费达到一定额度的个人按消费积分反馈礼品。

税额可以抵扣，税负不会增加。

A公司应将两个商品（房产和家电）开具在同一张发票上，赠送的家电单价和金额可以为零。

如果案例改为："A公司在开盘当日，举行了抽奖活动，对在场的所有嘉宾进行摇号，摇出100位幸运儿赠送电饭煲一台。"

那么，A公司需要代扣代缴100位幸运儿的个人所得税。

根据财税〔2011〕50号第一条可知，该100位幸运儿并未购买房产就可以抽奖取得电饭煲，因此不属于企业在向个人销售商品（产品）和提供服务的同时给予赠品的不征税情形，应当征税。

不纳税项目

哪些收入无须纳税或者享受减免税优惠政策呢？

退休金：不纳税。

老王退休了，取得的退休金不纳税，但如果老王被返聘呢？

再就业退休金是否纳税

案例： 老王2018年年底从A单位退休，退休金每年3.4万元，退休后老王在B单位再就业，每年取得6.6万元工资，年总收入为10万元。老王是否应就10万元收入纳税？两处所得由A单位还是B单位代扣代缴？

根据《国家税务总局关于个人兼职和退休人员再任职取

得收入如何计算征收个人所得税问题的批复》（国税函〔2005〕382 号）："退休人员再任职取得的收入，在减除按个人所得税法规定的费用扣除标准后，按'工资、薪金所得'应税项目缴纳个人所得税。"同时，根据《中华人民共和国个人所得税法》第四条规定，退休金不用交税，只需要 6.6 万元部分交税，由 B 单位代扣代缴。

需要注意的是，只有按照国家统一规定发放的退休费和离休费才属于免税所得。

如果老王与 B 单位签订一年以上（含一年）的劳动合同，因事假、病假、休假等原因不能正常出勤时，仍享受固定或基本工资收入，且与单位其他正式职工享受同等福利、培训及其他待遇的，B 单位应按"工资、薪金所得"进行代扣代缴。如果不符合以上条件，则应按"劳务报酬所得"进行代扣代缴，次年老王需进行综合所得汇算清缴。

如果老王还从原任职单位取得各类补贴、奖金、实物等，原任职单位 A 需按"工资、薪金所得"代扣代缴个人所得税（符合规定的离退休工资仍然免税，不合并计税）。

被辞退：三倍人平 ① 免税

因企业经营困难，老王被公司辞退了，支付的离职补偿如何计算个人所得税？是否与在职年限有关？

---

① 人平是指当地上一年度城镇居民平均工资。

🏵 案例：任职14年被辞退是否交税

由于企业经营困难，老王被公司辞退。老王于2019年6月与原单位解除劳动合同，取得40万元离职补偿，他在该单位任职年限14年。当地上一年平均工资为70 000元（个人所得税扣缴系统中查询）。老王应交多少个人所得税？

（根据《财政部 税务总局关于个人所得税法修改后有关优惠政策衔接问题的通知》财税〔2018〕164号）第五条第一项，解除劳动关系的一次性补偿收入，三倍人平工资以内的部分免征，超过三倍的部分单独适用综合所得税率表，计算纳税（无扣除项，计税方式与任职年限无关）。

因此本例中，

应纳税所得额 =400 000-70 000×3=190 000（元）

查找综合所得税率表，超过144 000元至300 000元的部分，适用税率20%，速算扣除数16 920元。

应纳税额 =190 000×20%-16 920=21 080（元）

申报时，在个人所得税扣缴系统中的综合所得减去解除劳动合同一次性补偿金填写，其中免税收入根据系统中的本地区年平均工资自动生成，可扣除个人领取一次性补偿收入时按照国家和地方政府规定的比例实际缴纳的住房公积金、医疗保险费、基本养老保险费、失业保险费。

需要注意的是，个人所得税改革之前，即2018年12月31日前（含当日），个人取得的离职补偿适用《国家税务总局关于个人因解除劳动合同取得经济补偿金征收个人所得税问题的通知》(国税发〔1999〕178 号）及《财政部 国家税务总局关于个人与用人单位解除劳动关系取得的一次性补偿收入征免个人所得税问题的通知》(财税〔2001〕157 号）的规定，按"工资、薪金所得"项目计征个人所得税，考虑到个人取得的一次性经济补偿收入数额较大，而且被解聘的人员可能在一段时间内没有固定收入，因此，对于个人取得的一次性经济补偿收入，可视为一次取得数月的工资、薪金收入，允许在一定期限内进行平均。具体平均办法为：

以个人取得的一次性经济补偿收入，除以个人在本企业的工作年限数，以其商数作为个人的月工资、薪金收入，按照税法规定计算缴纳个人所得税。

个人在本企业的工作年限数按实际工作年限数计算，超过 12 年的按 12 计算。

2019 年 1 月 1 日后，离职补偿的个人所得税计算方式与任职年限不再挂钩，无论是任职不到 1 年还是任职 12 年以上，计算方式均相同。对老员工来说，这种计算方式不存在税负增加的情况，对年限较短的员工来说，税负降低幅度比较明显。

破产企业职工：无须纳税

企业依照国家有关法律规定宣告破产，企业职工从该破产企业取得的一次性安置费收入，免征个人所得税。没有免征额度的限制。

私车公用补贴和通讯补贴：分地区

案例：老王所在公司经常需要员工在市内外勤，原先使用滴滴打车，发票可报销，后来为优化交通费用，决定对员工发放私车公用补贴，有私车的员工凭本人行驶证和驾驶证申请领取，不再报销打车费用，无私车的员工依然凭滴滴发票和行程单实报实销。

同时也不安置办公电话，一律发放通讯补贴。企业为员工发放的私车公用补贴和通讯补贴是否需要交个人所得税？

根据《国家税务总局关于个人所得税有关政策问题的通知》（国税发〔1999〕58号）第二条：

个人因公务用车和通讯制度改革而取得的公务用车、通讯补贴收入，扣除一定标准的公务费用后，按照"工资、薪金"所得项目计征个人所得税。按月发放的，并入当月"工资、薪金"所得计征个人所得税；不按月发放的，分解到所属月份并与该月份"工资、薪金"所得合并后计征个人所得税。

公务费用的扣除标准，由省税务局根据纳税人公务交通、通讯费用的实际发生情况调查测算，报经省级人民政府批准后确定，并报国家税务总局备案。

在实务中，部分地区制定了公务费用的扣除标准，如河北、海南、大连、西藏，其他未发文地区按全额并入工资薪金所得征收个人所得税。①

---

① 具体各地扣除标准详见国税总局2012年4月11日在线答疑。

其他免税项目

其他免税项目包括以下 5 项。

（1）对工伤职工及其近亲属按照《工伤保险条例》取得的工伤保险待遇，免征个人所得税。

（2）对生育妇女按照县级以上人民政府根据国家有关规定制定的生育保险办法，取得的生育津贴、生育医疗费或其他属于生育保险性质的津贴、补贴，免征个人所得税。

（3）个人实际领（支）取原提存的基本养老保险金、基本医疗保险金、失业保险金和住房公积金时，免征个人所得税。

（4）个人将其所得对教育、扶贫、济困等公益慈善事业进行捐赠，捐赠额未超过纳税人申报的应纳税所得额 30% 的部分，可以从其应纳税所得额中扣除。

（5）国务院规定对公益慈善事业捐赠实行全额税前扣除的，从其规定。

案例：公司为员工支付的体检费是否纳税

公司按年组织员工体检，并统一向体检单位支付体检费，体检支出由公司统一核算，体检单位开具发票给公司。

问：未发放到个人名下的体检费是否需要计征个人所得税？

答：不需要。根据现行个人所得税法规定，工资、薪金所得，是指个人因任职或者受雇而取得的工资、薪金、奖金、年终加薪、劳动分红、津贴、补贴以及与任职或者受雇有关的其他所得。对于任职受雇单位发给个人的福利，不论现金还是实物，依法均应缴纳个人所得税。但对于集体享受的、不可分割的、未向个人量化的非现金方式的福利，原则上不征收个人所得税。

政策依据：2018 年 8 月 30 日国家税务总局 2018 年第三季度政策解读现场实录，国家税务总局所得税司副司长刘宝柱的解答如下。

问题：单位组织员工体检，并统一向体检单位支付体检费，体检支出由单位统一核算，未发放到个人名下，这类福利员工是否缴纳个人所得税？

所得税司副司长刘宝柱：根据现行个人所得税法规定，工资薪金所得，是指个人因任职或者受雇而取得的工资、薪金、奖金、年终加薪、劳动分红、津贴、补贴以及与任职或者受雇有关的其他所得。

对于任职受雇单位发给个人的福利，不论是现金还是实物，依法均应缴纳个人所得税。但对于集体享受的、不可分割的、未向个人量化的非现金方式的福利，原则上不征收个人所得税。〔2018-08-30 10：41〕

国家税务总局 2012 年 4 月 11 日"所得税司巡视员卢云"关于"所得税相关政策交流"的在线交流如下。

现在的个人所得税是不是只要是发给员工的福利都要纳入当月的薪酬计算个人所得税〔2012-04-11 10：18：45〕？

所得税司巡视员卢云：根据个人所得税法的规定原则，对于发给个人的福利，不论是现金还是实物，均应缴纳个人所得税。但目前我们对于集体享受的、不可分割的、非现金方式的福利，原则上不征收个人所得税。

4.8 专项附加扣除疑难问题

🏅 案例：离异家庭算独生还是非独生

王先生的母亲再婚组建家庭，继父之前有两个孩子，王先生的母亲只有 1 个孩子——王先生。王先生在填报专项附加扣除时，可以算独生子女赡养母亲吗？

根据国家税务总局所得税司副司长叶霖儿在 2019 年 1 月 9 日《落实个税专项附加扣除政策 让纳税人及时尽享改革红利（第二期）》中的回答，对于独生子女家庭，父母离异后重新组建家庭，在新组建的两个家庭中，如果纳税人对其亲生父母、继父母中的任何一人是唯一法定赡养人，则纳税人可以按照独生子女标准享受每月 2 000 元赡养老人专项附加扣除。除上述情形外，不能按照独生子女享受扣除。在填写专项附加扣除信息表时，纳税人需注明与被赡养人的关系。

也就是说，如果亲生父母、继父母中的任何一人没有其他法定赡养义务人，就适用独生子女标准。但是如果每个亲生父母、继父母都有其他法定赡养义务人，就适用非独生子女标准。

需要注意的是，赡养义务人是指有血缘关系的亲生子女吗？本例中的母亲没有其他亲生子女，纳税人就可以享受独生子女扣除标准了吗？

并不是，《中华人民共和国民法典》规定，赡养义务人包括以下几类。

（1）子女。子女包括亲子女、养子女、有抚养关系的继子女。

（2）有负担能力的孙子女、外孙子女，对于子女已经死亡或者子女无力赡养的祖父母、外祖父母，有赡养的义务。

本例中，父母为再婚组建家庭，继父之前有两个孩子，虽然母亲没有其他亲生子女，但需要明确，继父之前的孩子是否为继父的再婚家庭所抚养：如果是，那么王先生对父母亲都不是唯一法定赡养人，不可以按独生子女享受扣除，应按非独生子女的规定分摊扣除。

如果不是（如那两个孩子均由亲生母亲抚养，不由再婚家庭抚养），那么王先生的母亲只有一个法定赡养义务人，王先生可以按独生子女享受专项附加扣除。

4.9　保险、信托等资产管理工具的应用

目前，越来越多的保险和信托产品进入人们的视线，能不能把财产放到保险和信托等资产管理工具下，进行避税呢？

由于保险和信托产品都需要设置实体架构，所以其实质是把个人名下的财产，转让到由个人通过金融工具实际控制的公司名下。前面我们已经讨论过，个人持有不动产的税负，大部分情况下是低于公司的，比如公司持有住房需要缴纳房土二税，而个人不需要。所以资管工具的运用，主要目的在于资产隔离。目前大部分家族信托在境外比较盛行，原因就在于境外部分国家或地区开征了遗产税，而设计得当的信托确实可以规避高额的遗产税。

后　记

金税四期大背景下的税收稽查体系

在了解税务稽查之前，我们先了解一下税务检查体系。

税务检查体系包括日常检查、专项检查、纳税评估和税务稽查，广义的税务检查还包括反避税调查和税收审计。

税务检查体系：日常检查与专项检查

一般情况下，日常检查是税源管理部门发起的，税源管理部门即财务人员常联系的税收专管员所在的税务所或分局。日常检查的层级最低，是税收日常管理的一个辅助手段，税务局对纳税人进行日常检查，可能只是例行公事，并不一定对纳税人有所怀疑。日常检查以纳税辅导为主要目的，旨在促进纳税人的税收遵从意识和税务知识水平。需要注意的是，湖南省等地区已全面取消了专管员制度[①]，所以某些地区已经没有由税源管理部门发起的日常检查了。

专项检查的发起方可能是税源管理部门，也可能是上级税务机关。每年都会有一些针对具体行业或事项的专项检查，比如，2020年对房地产行业的专项检查，2021年对文娱主播行业的专项检查，有些地区的税务机关在2022年发起了对股权转让个人所得税事项的专项检查。专项检查的层级高于日常检查，重要性根据发

---

① 2022年1月25日，国家税务总局长沙市税务局、湘潭市税务局、怀化市税务局等发布《关于优化税源管理方式有关事项的温馨提示》，明确湖南省全面取消税收专管员制度。

起方确定。比如，国家税务总局在全国范围内发起的行业大筛查，就比地市级税务机关发起的个人所得税筛查重要性更高。

纳税评估：从风险疑点开始

纳税评估一般由风险评估部门发起，通常是根据系统中推送的涉税疑点选案。纳税评估通常从约谈开始，约谈的方式既可以是电话约谈，也可以是现场约谈，约谈对象可以是法定代表人、财务人员或其他业务人员。约谈其实是企业终止纳税评估流程的一个重要环节，如果在约谈环节，企业能提供切实可信的证据排除风险疑点，或者经过约谈进行自查补税，税务机关认为风险疑点已经排除，那么纳税评估流程就此结束。如果企业未能自圆其说，风险疑点不被排除，那么税务机关就会进入下一步实地检查阶段。

案例：纳税评估（案件来源：湖北省丹江口市税务局）①

第一步：指标异常

丹江口市税务局接到上级部门的专项评估任务：A 公司 2013 年利润和增值税变动率异常。评估人员在案头分析环节，将疑点分析的重点放在了直接影响增值税申报的资产负债表上。通过仔细分析发现，A 公司存在涉税疑点。

第二步：案头评估

固定资产减少与增值税申报表不对称。A 公司 2013 年增值税申报表应税收入和利润表营业收入口径相一致，但 2013 年资产负债表固定资产却减少

---

① 引用自《中国税务报》公众号文章。

296 万多元。A 公司很有可能存在销售固定资产不申报纳税的情况。

预收账款与期末存货不配比。2013 年年末，A 公司预收账款余额高达 615 万元；与此同时，存货余额也高达 4 800 多万元。根据企业经营一般规律，预收账款与存货数量呈反比，但 A 公司预收账款与存货却呈正比状态。

第三步：约谈

关于固定资产减少与增值税申报表不对称，财务人员解释说，2013 年固定资产减少主要是当年固定资产报废所致，与应税收入无关。

对于预收账款与期末存货不配比的问题，财务人员解释说，主要是 2013 年以前预收的模具开发款项，但企业预收账款时既没有开具发票，随后也没有将资金正式投入生产，因此认为不用申报纳税。

第四步：实地调查

调查人员发现问题：预收账款未按税法规定申报纳税。截至 2014 年 3 月底，A 公司预收账款余额高达 615 万元。经查证核实，A 公司收取预收款的用途主要是对外开发模具生产线，并且生产工期已经远远超过 12 个月。

销售固定资产未申报纳税。2013 年 9 月，A 公司转让奔驰轿车收入 78 万多元，未缴纳增值税。2014 年 1 月，A 公司出售奥迪车收入 20 万元，也未缴纳增值税。

第五步：核查结果

A 公司收取的预收款 615 万元，增值税纳税义务时间已经发生，因此应补缴增值税 89.4 万元。另外，根据相关规定，A 公司转让奔驰车和出售奥迪车应缴纳增值税共 1.9 万元。

第六步：再次约谈

根据核查情况，税务人员再次约谈了 A 公司财务人员，并进行了纳税辅导。A 公司财务人员承认在"预收账款"等账务处理上存在失误，针对该事项补缴了增值税和滞纳金 145 万多元。

案例：风险预警（案件来源：浙江省青田县国税局）[①]

第一步：风险预警

浙江省青田县国税局以重点税源风险信息系统提示的涉税疑点信息为线索，对某村镇银行 2013 年度纳税情况实施评估。

在重点税源风险管理信息系统中，该企业 2012 年 1 月至 2013 年 12 月主要财务指标出现警示信息。进一步查看发现，企业 2013 年贷款损失准备金增长比例达 135.85%，此数据明显高于同类型金融企业的增长幅度，疑点突出，青田县国税局遂决定对其实施重点评估。

第二步：税源分析

评估人员调取企业资产负债表数据分析后发现，该企业 2012 年贷款余额 5.26 亿元，计提损失准备金 474 万元，计提比例为 0.9%；2013 年贷款余额 6.16 亿元，计提损失准备金 1 117.93 万元，计提比例为 1.81%。从数据看，2013 年企业计提的损失准备金与上年同比增长了 1 倍多，增加了 643.93 万元。评估人员认为，该企业存在多计损失准备金减少利润，少缴企业所得税的嫌疑。

第三步：约谈

按照事先制订的约谈计划，评估人员约谈了该企业相关负责人，向企业进行税法宣传，说明纳税评估的目的以及企业贷款损失准备金增长比例畸高的疑点情况，要求企业对此进行解释并开展自查。

---

① 引用自《中国税务报》公众号文章。

第四步：自查

该企业自查后，向税务机关提供自查报告称，企业 2013 年自行确定比例计提了 1 117.93 万元，使期末余额达到 2 510.23 万元，实际贷款损失准备金应根据 2013 年贷款余额 1% 的比例计提 615.94 万元。

第五步：纳税调整

评估人员认为企业自查比较充分，对涉税疑点问题解释合理，遂对企业超额计提的准备金 1 894.29 万元依法进行纳税调整，做出补缴企业所得税 473.57 万元、滞纳金 38.14 万元的处理决定。

什么是处理决定？纳税评估的处理决定不是稽查处理决定，没有加收罚款，只有滞纳金。

两个纳税评估案件走向不同结果的原因

上面两个案件的区别是什么？为什么第一个案件走到了实地调查，第二个案件却直接自查补税结案？

原因有两个：第一，在第一个案件中，企业在约谈时不能说服税务机关，消除风险疑点，而第二个案件中，企业抓住了约谈补税的机会，自行补税结案；第二，第一个案件是上级部门的专项评估任务，第二个案件是重点税源风险信息系统提示的涉税疑点信息，上级下发的专项评估任务重要层级显然更高。

从以上两个案例中，我们可以总结出纳税评估的流程和应对策略。税务机关开展纳税评估，会事先通知纳税人。纳税人接到通知后，应做好评估前的准备。实地检查前，税务机关一般会给被评估对象一定的自查时间。约谈是企业终止纳税评估流程的重要机会，如因特殊困难不能按时接受税务约谈的，可向税务机关说明情况，经批准后延期进行。

最后，纳税评估过程中，如发现纳税人存在偷税漏税、虚开发票等疑点，有可能移交稽查甚至司法部门。

纳税评估的风险预警部分指标

风险预警指标——收入类，主要包括以下指标。

（1）存货周转率偏低或偏高预警。

（2）未开具发票累计为负数预警。

（3）增值税收入与所得税收入不一致预警。

（4）主营业务收入、应税销售额变动率异常预警。

（5）成本与收入弹性系数异常预警。

（6）纳税人主营业务收入成本/费用率异常。

（7）纳税人主营业务收入变动率与主营业务成本变动率弹性系数异常。

风险预警指标——税负类，主要包括以下指标。

（1）一般纳税人低税负预警。

（2）所得税贡献率异常预警。

（3）一般纳税人税负变动异常预警。

（4）其他应收款偏高预警。

税务稽查：最高层级的税务检查

在所有税务检查类别中，税务稽查的层级是最高的。税务稽查只能由稽查局发起，税务局的其他部门不能发起税务稽查，目前区县级税务局一般不设置稽查局，地市级以上的税务局才设置稽查局。稽查局可以异地稽查，且拥有许多税收征管法赋予的独特权力，如强制执行措施等。税务稽查的流程比较复杂，我们先通过一个发票风险的案例，初探税务稽查的面貌。

案例：发票风险识别（案例来源：湖北省孝感市国税局）①

2015 年 10 月，湖北省孝感市国税局因辖区内几家企业发票进销项信息不符，存在虚开嫌疑，到上游开票企业所在地宁波市进行实地调查。

宁波市国税局稽查局在协助孝感市检查人员调查的过程中发现，宁波 9 家开票的珠宝企业中 3 家企业已注销税务登记，1 家企业正在办理清算手续，其余 5 家企业虽然在征管系统中显示为正常经营，但其经营地址已空无一人，实际经营者已失联。

通过查询分析征管系统中企业的登记信息及纳税申报等数据，检查人员发现，9 家珠宝企业存在几个共同特征：第一，虽然企业注册时间较早，但长期零负申报，不久前均发生了法定代表人与股东信息变更；第二，9 家企业法定代表人身份证信息显示，其均为外省市人员；第三，企业进销项发票金额较大，且短期内大量对外开票；第四，9 家企业实际税负率较低，均为 0.03%。

涉案珠宝企业取得的所有进项发票的开具单位均为上海黄金交易所。

办案人员发现，宁波涉案公司均非上海黄金交易所会员单位，其进项黄金交易所发票主要来源于深圳市的 F 公司和 C 公司这两家黄金交易所会员单位。

孝感市下游 8 家受票贸易企业已全部走逃，办案人员通过调阅 8 家受票企业的进销项发票信息进行比对发现，8 家贸易企业获得的进项发票品名全部为黄金和金条，但其对外开具的销项发票品名则是与进项完全不相关的废铜、钢材、铝材等。进一步核查发现，其以购买黄金为名取得进项发票，购得的黄金由陈某在深圳市水贝珠宝市场低价交割销售，由王某用黄金进项发票进行抵

---

① 引用自《中国税务报》公众号文章。

扣，在没有真实货物交易的情况下，再通过9家珠宝公司大肆对外虚开。

在这个案件中，宁波9家珠宝企业与孝感8家贸易企业全部涉及虚开发票，孝感8家贸易企业的下游企业，属于取得异常抵扣凭证，需要先行进项转出，待核实交易真实性后，再进行处理。

作为正常经营企业，我们要警惕那些虚开发票的皮包公司，这些公司通常具有以下特点：①购销"两头在外"①；②进销项商品品名不符；③长期零申报，但变更企业法定代表人和股东后突然产生大额交易的商贸企业；④领用百万元版发票的商贸企业且顶格开具；⑤开票与申报情况不符；⑥大量作废发票等。

税务稽查流程：四大类稽查案源

稽查案源从哪里来？根据官方分类，稽查案源分为9种：推送案源、督办案源、交办案源、安排案源、自选案源、检举案源、协查案源、转办案源和其他案源。为简化理解，我将稽查案源分为四大类。

第一类稽查案源是上级交办，包括：上级党委、政府、纪检监察等单位，通过督办函、交办函等形式下发的督办、交办任务提供的税收违法线索；税务总局年度重点检查行业、企业集团跨省稽查、打虚打骗、情报交换中形成的国际税收情报信息；省局不定期本省企业集团稽查等。

第二类稽查案源是平级移交，主要是税务局风险管理等部门在风险分析和识别工作中发现并推送的高风险纳税人风险信息，前面也提到过，纳税评估可能会移交稽查。

第三类稽查案源是自行发起的，包括：第一，稽查局根据纳税人自行申报的税收数据和财务报表信息，以及税务局在税收管理过程中形成的税务登记、发票

---

① 指购销的供应商和客户都在外地。

使用、税收优惠、资格认定、出口退税、企业财务报表等涉税数据和信息识别分析出的风险；第二，稽查局执法过程中形成的案件线索、处理处罚等税务稽查数据；第三，政府部门和社会组织共享的涉税信息以及税务局收集的社会公共信息等第三方信息。

第四类稽查案源是协查举报，包括检举人提供的税收违法线索；受托协查事项形成的税收违法线索；公安、检察、审计、纪检监察等外部单位以及税务局督察内审、纪检监察等部门提供的税收违法线索等。

稽查局的精力是有限的，并不会对所有的案源都立案稽查。在这四类案源信息中，需要立案检查的案源包括以下几类。

（1）督办、交办事项明确要求立案检查的案源。

（2）案源部门接收并确认的高风险纳税人风险信息案源，以及按照稽查任务和计划要求安排和自选的案源。

（3）举报受理部门受理的检举内容详细、线索清楚的案源。

（4）协查、转办、经过调查核实（包括协查）发现纳税人存在税收违法行为的案源。

（5）上级稽查局要求立案检查的案源。

税务稽查案例分析 1（案件来源：重庆市税务局）[①]

2021 年 3 月，重庆市税务局第五稽查局接到公安机关经侦部门传送的一条涉税违法线索（属于第四类案源，协查举报，需要立案稽查）。当时，警方正在开展矿山砂石行业专项违法整治活动。在整治过程中，经侦人员发现，H石油公司营销人员李某个人账户的资金往来异常：近 3 000 万元资金由多个自然人账户流入李某账户，最终通过直接或间接方式转入一个名为钟某的个人银

---

① 引用自《中国税务报》公众号文章。

行账户，而这个钟某是一家名为 J 公司的民用爆破企业的法定代表人。公安局经侦人员怀疑，J 公司涉嫌虚开增值税发票的违法活动。

稽查局检查人员了解到，J 公司主要从事矿山爆破设计和施工业务。J 公司纳税申报数据显示，该企业 2017—2020 年均为亏损状态，2020 年弥补亏损后，企业所得税仅缴纳了 1.5 万元。

专案组从征管系统中调阅核查企业的发票信息发现，2017—2020 年，J 公司共取得成品油进项发票 571 张，金额高达 4 759.35 万元，其中品名为"预付卡销售加油充值卡"的发票金额为 4 752 万元，占比高达 99.85%，这些发票来自包括 H 石油公司在内的 3 家石油化工企业。

检查人员认为，J 公司作为一家民用爆破企业，生产经营中因开展业务确实要用成品油，但其不是物流企业，每年怎么会产生 1 000 多万元油料支出费用。并且，J 公司购买的预付卡属于储值类别，并没有价格上的优惠，这样做会占用企业大量资金，无论从经济角度还是企业经营角度考虑，这种行为都不符合企业经营常理。

检查人员调取 J 公司和钟某的银行账户流水信息分析核查，发现 J 公司向 3 家石油公司汇出预付卡资金几天后，一笔金额近 3 000 万元的资金便由 H 石油公司营销人员李某账户，转至李某某、钱某等几名自然人银行账户，最终汇入钟某私人账户中。专案组追踪发现，营销人员李某账户的资金来自名为高某甲、高某乙的几个账户，继续追踪却发现，向这几名自然人汇款的银行账户数量多达 200 个，不仅多数为外地账户，而且往来资金有数十亿元之巨，从中根本找不到头绪。

为突破案件稽查瓶颈，稽查局发起成立了税警联合专案组：由公安局经侦人员对石油公司营销人员李某继续进行摸排调查；税务人员对 J 公司实施突击检查，重点调查 J 公司与 H 石油公司等企业的预付卡业务，并对 J 公司法定代表人钟某及相关人员实施突击询问。此时法定代表人出差中，会计和财务主管在公司接受询问，在税务人员的纳税辅导下，J 公司的会计和财务主管承认了公司的违法事实。

为了获得进一步证据，在对相关涉案人员的询问笔录、言证等进行比对、核实，并对 J 公司实际生产经营情况仔细核查后，专案组最终确定，J 公司检查期内的真实用油费用为 1 800 万元左右，而其当期税前列支的成品油成本却有 8 000 多万元。

在讯问过程中，面对专案组出示的各项证据，法定代表人钟某无法自圆其说，最终承认了虚开发票、多列成本偷逃税款的违法事实。

钟某为了少缴税款，与 H 石油公司营销人员李某勾连，由其牵线，向 H 石油公司等 3 家石油石化企业购买了预付卡加油充值卡，收到这些石油化工企业开具的发票后，J 公司直接将其入账计入成本。随后，钟某将这些预付卡交给李某，由李某寻找高某甲、高某乙等卡贩子将其转手售卖。高某甲、高某乙等人将售卡资金转付给李某后，李某通过其控制的几个自然人银行账户将款项再转付给钟某。

重庆市税务局第五稽查局针对企业违法行为，依法对其做出补缴企业所得税 791.64 万元，加收滞纳金的处理决定。案件查结后，因企业偷逃税款金额巨大，涉嫌犯罪，目前公安机关已依法将案件提交司法机关审理。

从这个稽查案例中我们可以得到哪些启示呢？第一，平时我们常说的公转私、私转私实质都是虚开发票；第二，对于偷税漏税、虚开发票等税收违法行为，公司犯罪的，法定代表人、财务负责人等承担刑事责任；第三，虚列成本、费用往往伴随虚开；第四，虽然该企业虚开涉税只有 700 多万元，远远不及某些明星主播等偷税漏税动辄上亿的金额，但明星主播没有被追究刑事责任，而这家公司的法人代表却被追究了刑事责任，其原因在于，偷税漏税，哪怕是金额巨大，只要是首次被查处，也不是必须追究刑事责任，但虚开发票，只要达到刑法立案金额，无论是否首次，都需追究刑事责任。

税务稽查案例分析 2（案件来源：重庆市税务局）[①]

2019 年 5 月，国家税务总局重庆市税务局第六稽查局接到实名举报，称刘某实际控制的 H 地产公司虚构电梯买卖业务，涉嫌偷税。接到举报后，第六稽查局迅速指派专人对举报线索进行核实了解。

检查人员发现，H 地产公司几年前有一起经济纠纷仲裁事项。起因是由于某房产项目建设需要，该公司在 2012 年 8 月与海南洋浦 C 工贸有限公司签订了电梯产品买卖合同，准备从 C 工贸公司购买电梯 123 部，并通过银行账户向对方支付了 2 000 万元的"预付电梯款"，但 C 工贸公司收款后在此后 3 年多的时间里一直没有发货。

2015 年 12 月，H 地产公司向广东省湛江仲裁委员会申请仲裁，湛江仲裁委员会随后做出《裁决书》，裁决 C 工贸公司于裁决生效之日起 10 日内向 H 地产公司返还 2 000 万元的"预付电梯款"，但 C 工贸公司接到仲裁结果后并未执行。2017 年 4 月，H 地产公司向海南第二中级人民法院申请执行《裁决书》。海南第二中级人民法院受理后，经过审理和调查，未发现 C 工贸公司有财产可供执行。于是 2017 年 9 月，海南第二中级人民法院做出《执行裁定书》，因 C 工贸公司无可供执行的财产，裁定终止《裁决书》执行程序。

随后，H 地产公司依据《执行裁定书》，将其预付的 2 000 万元货款以坏

---

① 引用自《中国税务报》公众号文章。

账损失为由列入 2017 年度"管理费用"科目进行了税前列支。

检查人员了解到，H 地产公司对于这笔 2 000 万元巨额货款损失似乎并不十分在意，在提请仲裁前，并没有派员到相关企业积极联络追讨货款。仲裁后，对方未及时履行《裁决书》返还货款，H 地产公司也没有及时向法院提起诉讼，这些并不符合企业经营常理。

检查人员到重庆市万州区住建部门调阅了某房产项目的施工设计图等资料，发现该项目电梯实际用量是 51 部，与 H 地产公司向 C 工贸公司购买的 123 部电梯数量存在较大差异。更为奇怪的是，在与 C 工贸公司签订合同 3 个月后，H 地产公司又与重庆 T 电梯销售公司签订了 50 余部电梯的买卖合同，并且合同已如期履约。

此外，检查人员在分析 H 地产公司与 C 工贸公司签署的购销合同时发现，双方约定，解除电梯产品买卖合同关系的仲裁地为海南，但 2015 年 H 地产公司却向广东湛江仲裁委员会申请了仲裁，而 C 工贸公司对仲裁地点、仲裁机构的变更毫无异议。

检查人员到海南，找到了海南 C 公司的负责人，该负责人供认，C 公司其实也是由 H 公司实际控制。为进一步获得充分证据，还需找到银行流水来佐证该笔资金的去向，但由于时间久远，资金流向复杂，难以查实。

在公安机关技术人员的协助下，专案组对 16 万余条银行流水信息进行筛查、分析后，终于发现了 H 地产公司汇出的 2 000 万元资金的踪迹：C 贸易公司账户收到 2 000 万元后，被分成两笔，一笔 1 127.5 万元的款项随后经刘某控制的几家关联公司流转后，最终以刘某个人借款的名义回流到 H 地产公司；另一笔 872.5 万元的款项同样在关联公司几经周转后，最后被汇到香港某个账户，最终被 H 地产公司调出，用于购买一位股东的退股股权。

检查人员随即对 H 地产公司和 C 工贸公司的实际控制人刘某进行了询问。在询问过程中，刘某起先坚称企业守法经营，并无任何涉税违法行为，但面对检查人员出示的各项翔实证据，最终刘某难以自圆其说，承认 H 地产公司与 C 工贸公司的交易，以及随后产生的纠纷均是由其一手操纵和安排的，目的是让 2 000 万元有个"正当"的理由计入坏账损失，以达到虚增成本、少缴税款的目的。

该企业的行为被定性为偷税，税务机关对该企业做出追缴企业所得税税款 500 万元、加收滞纳金 200 余万元并处 250 万元罚款的处理。

税务稽查案例分析 3：账外收款 6 次过招（案件来源：南通市税务局）[①]

2020 年 10 月，南通市税务局第一稽查局接到上级下发的行业涉税违法疑点信息，涉及南通市 C 教育培训机构。

接到核查任务信息后，检查人员对该机构的营业情况和涉税信息进行专项分析，发现该机构的销售收入申报"不太寻常"：2018 年度企业申报增值税销售额 4 306 万元；2019 年度申报增值税销售额 2 194 万元。但 2020 年 1—7 月，该企业申报增值税销售额却高达 3 838 万元。2020 年 7 个月的申报收入已达到 2019 年全年的 1.8 倍。

近三年来，该机构的所得税税负率仅 0.86%，远低于行业均值，存在虚假申报嫌疑。

第一次：账目初查

该企业的账目十分混乱，并没有按照会计制度的要求建立核算制度，并且

---

① 引用自《中国税务报》公众号文章。

账目中所记的收入都是现金收款入账，既没有记录收入的具体收费明细情况和具体课程内容，账目后也没有附上收费对象的相关凭证等资料。

第二次：询问

2020 年年初，江苏某市的一家上市教育培训机构对该企业有收购意向，双方在相关协议中明确，经过一年时间的考察后，将根据 C 教育机构的经营业绩情况，最终确定收购活动是否继续，达成此项收购的条件之一，就是 2020 年 C 教育机构的业绩目标达到 7 000 万元。

第三次：外围调查

检查人员暗访了企业部分培训点，并对部分培训学生家长进行了调查，发现该企业对检查人员隐瞒了不少信息：企业有完善的课程安排系统，该系统甚至有家长评价模块，供学员、家长发表意见；企业主要通过微信、支付宝、POS 机刷卡方式收取培训费用，而非企业账簿显示仅通过现金收费。

第四次：突击检查

检查组兵分四路，一路人员赴企业总部，其余三路人员到该企业三个最大的培训点实施核查。

在企业总部，检查人员采集了财务部门电脑内所有涉税电子信息和数据，同时对财务管理人员使用的两台关键电脑中之前已删除的部分疑似与企业销售、经营有关的疑点文件进行了数据恢复，并依法调取了检查期内企业所有用工合同、培训协议和租房合同等资料。

在此过程中，检查人员在企业财务主管所使用的一台电脑中，发现了企业内部使用的即时通信软件，其中一个财务工作群组中有大量与企业业务有关的信息。这些信息中包含了大量该机构日常财务收支的请示讯息和报告。检查人员采集了这个财务工作群组的聊天信息。

在同一时间进行的另外三个企业市内培训点的突击检查中，检查人员在培训点前台电脑的报名系统里，查阅调取了培训学员名单、培训课程详细信息及课程价格等数据，并从前台人员处了解了企业培训的报名途径及收费渠道，获取了企业经营流程和运营方式的相关言证。

第五次：银行协查

检查人员获得了吴某开设的 12 张银行卡的相关信息（程序合法），检查组对这些银行卡的账户资金流水进行了核查。其中一张银行卡账户有问题：这个账户自 2018 年年初启用至 2019 年年底，共有 2 亿元资金进出，卡中进出资金高峰时段集中在开学前后和放寒暑假前后，且多笔资金的金额相同。检查人员结合企业课程资料比对后发现，这一笔笔资金的数额均与企业同期培训课程的收费金额相符，并且一些汇入资金附带说明中还明确标有"培训费""学费"字样。

第六次：约谈

检查人员约谈了企业运营负责人张某和财务人员赵某，对他们进行了税法宣传。面对检查人员出示的各项翔实的证据资料，张某最终承认，2018 年、2019 年，企业确实存在利用吴某个人银行卡收取培训费并隐匿收入未申报的违法事实，并向税务机关提供了记录实际收入情况的真实账本。张某称，由于 2020 年的业绩与企业最终能否顺利并购直接相关，因此机构上半年申报的信息是真实数据。

结案：

C 培训机构在 2018—2019 年通过账外循环的方式，利用吴某个人银行账户，共隐匿收入 1.4 亿元未依法申报纳税。该行为被定性为偷税，税务机关对涉案企业及人员做出补缴税款 1 040 万元，加收滞纳金并处罚款 520 万元的处理。

税务机关常用的稽查流程和方法

税务稽查的第一步是选案，后续流程依次是稽查实施、稽查审理和稽查执行。

稽查实施

稽查实施具体分为实地检查、调取账簿、文书送达 3 个方面。

1. 实地检查

检查前，稽查局应当告知被查对象检查时间、需要准备的资料等，但预先通知有碍检查的除外。

检查应当由两名以上具有执法资格的检查人员共同实施，检查人员需向被查对象出示税务检查证件、出示或者送达税务检查通知书，告知其权利和义务。

2. 调取账簿

调取账簿、记账凭证、报表和其他有关资料时，检查人员应向被查对象出具调取账簿资料通知书，并填写调取账簿资料清单交其核对后签章确认。需要注意的是，税务检查通知在先，调取账簿凭证在后。

调取纳税人、扣缴义务人以前会计年度的账簿、记账凭证、报表和其他有关资料的，应当经县以上税务局局长批准，并在 3 个月内完整退还；调取纳税人、扣缴义务人当年的账簿、记账凭证、报表和其他有关资料的，应当经设区的市、自治州以上税务局局长批准，并在 30 日内退还。

3. 文收送达

税务机关送达税务文书，应当直接送交受送达人。受送达人是公民的，应当由本人直接签收；本人不在的，交其同住成年家属签收。受送达人是法人或其他组织的，应当由法人的法定代表人、其他组织的主要负责人或该法人、组织的财务负责人、负责收件的人签收。受送达人有代理人的，可以送交其代理人签收。

受送达人拒绝签收税务文书的，送达人应当在送达回证上记明拒收理由和日期，并由送达人和见证人签名或者盖章，将税务文书留在受送达人处，即视为送达。

直接送达税务文书有困难的，可以委托其他有关机关或其他单位代为送达，或者邮寄送达。

有下列情形之一的，税务机关可以公告送达税务文书，自公告之日起满 30 日，即视为送达：①同一送达事项的受送达人众多；②采用其他送达方式无法送达。

稽查审理

稽查审理一般包括两个方面：一是陈述和申辩；二是听证。

1. 陈述和申辩

在稽查程序进行中，稽查局应当保证当事人进行陈述和申辩的权利，应当充分听取当事人的意见，对当事人提出的事实、理由和证据，检查人员、审理人员应当认真对待，并进行复核；当事人提出的事实、理由或者证据成立的，行政机关应当采纳。

税务机关应当充分听取当事人的意见，对其提出的事实、理由或者证据进行复核，陈述申辩事由成立的，税务机关应当采纳；不采纳的，应予说明理由。

2. 听证

《中华人民共和国行政处罚法》第六十三条规定如下。

行政机关拟作出下列行政处罚决定，应当告知当事人有要求听证的权利，当事人要求听证的，行政机关应当组织听证：

（一）较大数额罚款；

（二）没收较大数额违法所得、没收较大价值非法财物；

（三）降低资质等级、吊销许可证件；

（四）责令停产停业、责令关闭、限制从业；

（五）其他较重的行政处罚；

（六）法律、法规、规章规定的其他情形。

当事人不承担行政机关组织听证的费用。

税务机关应当在收到当事人听证要求后 15 日内举行听证，并在举行听证的 7 日前将《税务行政处罚听证通知书》送达当事人，通知当事人举行听证的时间、地点，听证主持人的姓名及有关事项。

听证过程中，由本案调查人员就当事人的违法行为予以指控，并出示事实证据材料，提出行政处罚建议。当事人或者其代理人可以就所指控的事实及相关问题进行申辩和质证。听证主持人可以对本案所及事实进行询问，保障控辩双方充分陈述事实，发表意见，并就各自出示的证据的合法性、真实性进行辩论。

稽查执行

在税务稽查检查后，确定纳税人涉及稽查补税或行政处罚的，稽查局应当依法及时送达税务处理决定书、税务行政处罚决定书、不予税务行政处罚决定书、税务稽查结论等税务文书。

稽查局采取从被执行人开户银行或者其他金融机构的存款中扣缴税款、滞纳金、罚款措施时，应当向被执行人开户银行或者其他金融机构送达扣缴税收款项通知书，依法扣缴税款、滞纳金、罚款，并及时将有关凭证送达被执行人。

稽查程序违法引发的司法判例

纳税人败诉：单人检查 + 电子账簿调阅

羊羊公司在行政诉讼中提出，稽查局的检查人员在检查时未穿着正式的工作服，未出示检查证，且《税务检查通知书》送达回证只有一名检查人员签字，违反程序规定。

法院认为，《税务检查证出示证明》上有羊羊公司的盖章和工作人员的签名，可以证明在检查时由两名检查人员进行，并向羊羊公司出示检查证。此案的关键败诉点在于，羊羊公司没有证据证明，税务机关的流程不合法。

羊羊公司提出：稽查局私自复制企业的电子账册且超期未归还，属程序违法。

"企业账簿、记账凭证、报表和其他材料"指的应是书面纸质材料且为原件，但电子账册系电子数据，不适用调取账簿的程序要求。

纳税人胜诉：调取凭证流程不合法 + 时限超期

某稽查局经审批决定对帽帽公司涉嫌接受虚开的增值税专用发票的行为进行税务稽查立案，并做出《税务行政处罚决定书》。帽帽公司不服，向法院起诉，法院以稽查局做出的《税务行政处罚决定书》程序严重违反法定程序，判决依法撤销。

本案中，稽查局三次向企业调取账簿资料，但在第二次、第三次重新调取账簿资料时，未按照规定，进行相应的审批流程，属程序违法。

本案稽查局从第一次向帽帽公司下达《税务检查通知书》至最终的处理处罚决定做出，历时近一年，已明显超过稽查时限 60 日期限，但未提供证据证明有经稽查局局长批准延长，属程序违法。

纳税人胜诉：公告送达不合法

某稽查局向阿毛公司发出公告送达，但其提供的程序证据不能证明对阿毛公司送达税务文书符合公告送达的情形，其送达程序不符合法律规定，也未能保证当事人的陈述、申辩权利及听证的权利，故行政处罚决定违反法定程序。

纳税人胜诉：陈述申辩权未保障

处罚事项告知书在重大税务案件审理委员会审理后发出，并且纳税人的陈述、申辩意见也未再向重大税务案件审理委员会提交审理。

税务机关同日送达处罚事项告知书及处罚决定书致纳税人无法行使陈述、申辩权利。

纳税人胜诉：举行听证不合法

明明将持有的门面房出租，并约定因租赁涉及的一切税费均由承租人承担。数年后稽查局接到举报，明明未进行申报纳税。经稽查局对明明出租期间履行纳税义务情况进行立案检查，确认明明取得房屋出租收入 120 万元，未申报纳税，应补缴税款 36 万元。稽查局拟对明明做出税务行政处罚，制作了《税务行政处罚事项告知书》，并于当日邮寄送达明明。

明明收到告知书后提出了听证申请，8 月 13 日，稽查局做出了《税务行政处罚听证通知书》，于 8 月 14 日送达给明明，告知明明于 8 月 19 日举行听证。

法院判决：被告（税务局）告知举行听证时间少于 7 日，违反了法定程序。

此外，听证在重大税务案件审理委员会审理后举行，或者听证主持人不合法的，也属于听证程序不合法。

如何配合税务稽查

以案说法：不配合稽查的后果（案件来源：东阿县税务局）

2012 年 12 月 12 日，东阿县地方税务局稽查局向甲公司送达了《税务检查通知书》（东地税稽检通一〔2012〕D017号）和《调取账簿资料通知书》（东地税稽调〔2012〕D017号），要求甲公司接受检查并于同年12月13日前将甲公司2009年1月1日至2011年12月31日的账簿、记账凭证等相关资料送到东阿县地方税务局稽查局处进行检查，甲公司以其账簿丢失为由未向东阿县地方税务局稽查局提供。

2013年6月25日和7月1日，东阿县地方税务局稽查局又先后两次向甲公司送达《税务事项通知书》（东地税稽通五〔2013〕001号）和《责令限期改正通知书》（东地税稽限改〔2013〕001号），再次要求甲公司分别于2013年6月28日前和2013年7月2日前将甲公司2009年1月1日至2011年12月31日的账簿、记账凭证等相关资料送到东阿县地方税务局稽查局，甲公司亦未向东阿县地方税务局稽查局提供账簿资料或其账簿丢失的任何证明材料。

2013年7月23日，东阿县地方税务局稽查局向甲公司送达了《税务行政处罚事项告知书》（东地税稽罚告〔2013〕4号），对甲公司未提供账簿资料的行为拟处5万元的罚款，并告知甲公司有陈述、申辩和3日内要求听证的权利。甲公司未进行陈述、申辩或要求听证。同时，甲公司仍未向东阿县地方税务局稽查局提供账簿资料。

甲公司认为：其拒绝提供资料的行为不构成《税收征管法》规定的逃避、拒绝或阻挠税务机关检查的行为，税务机关处以5万元的罚款明显不当，其诉至法院要求撤销税务机关罚款5万元的决定。

法院认为：税务机关于2013年6月25日向甲公司下达了《税务事项通知书》，7月1日下达了《责令限期改正通知书》，要求甲公司提供账簿、记账凭证等相关资料，2013年7月12日再次要求甲公司提供资料，并告知拒不提供应当承担的法律责任，甲公司以账簿、凭证等资料被盗抢丢失为由一直未提供，也没有提供上述资料被盗抢的证据。据此，税务机关认定甲公司的行为属于逃避、拒绝或阻挠税务机关检查并无不当。

根据《税收征管法》第五十六条："纳税人、扣缴义务人必须接受税务机关依法进行的税务检查，如实反映情况，提供有关资料，不得拒绝、隐瞒。"《税收征管法》第七十条："纳税人、扣缴义务人逃避、拒绝或者以其他方式阻挠税务机关检查的，由税务机关责令改正，可以处一万元以下的罚款；情节严重的，处一万元以上五万元以下的罚款。"

所以，税务局的处理并无不当，纳税人败诉。

总结一下，纳税人应当从以下七个方面配合稽查：确定是否稽查；摸清稽查案源；重视询问约谈；配合账务检查；当心突击检查；法人务必重视；注意税法定性。